KB178602

너만의 브랜드에 집중하라

나를 바꿀 자유

너만의 브랜드에 집중하라

나를 바꿀 자유

김민기 지음

FRENEMY PUBLISHING

5장 ★ 액션이 있어야 리액션이 있다

6장 ★ 나는 다르다

낯선 선택이
낯선 기회로 이끈다

"다 의지가 약해서 그렇지,
불굴의 의지만 있다면
누구나 성공할 수 있어."

이 식상한 교훈이 많은 사람을 좌절하게 했다.
불타는 의지만 있으면 뭐든지 할 수 있다고 착각하는 바람에
'나는 의지가 약해서 변화할 수 없어'라는
고정관념을 가지게 되었다.

다수의 사람들이 초등학교 때부터 해오던 작심삼일을
반복하는 이유는 의지로 변화하려 했기 때문이다.

의지는 생각이다. 생각은 생각에게 속는다.
생각들은 서로 속고 속인다.
승리자는 늘 편안해지고 싶은 '익숙한 생각'이다.
불같은 의지는 사흘만 지나면 거품처럼 사라지고 없다.
불타던 자리에 남는 것은 자괴감.
'나는 의지가 약해서 내가 원하는 삶을 살 수 없다.'
그리고 합리화.
'지금의 삶도 그렇게 나쁘지만은 않다.'

의지는 변화의 목표 지점을 설정한다.
결과의 시작점일 뿐이다.
하지만 결과를 만들어내지 못한다.
우리를 목표로 데려다주지는 못한다.

다이어트를 하려는 의지를 불태운다고 살이 빠지지는 않는다.
자신이 원하는 사람으로 변화하려면, 원하는 삶을 살고 싶다면
그것을 가능하게 하는 환경 속에 있어야 한다.

평생 늦잠꾸러기로 살던 사람이 아침형 인간이 되려는
의지를 불태운다고 아침에 눈이 떠지지 않는다.
하루 이틀은 몰라도 지속할 수 없다.

매일 잠자리에 들기 전에 아침형 인간에 대한 의지를 불태워야

한다면 그것도 바람직하지 않다. 의지에 맡기지 말고
그냥 일찍 일어날 수밖에 없는 환경을 만들면 된다.

늦잠을 잘 때마다 알람시계를 하나씩 더 살 수 있다.
방안을 굴러다니는 알람시계를 살 수 있다.
욕실에서 칫솔을 물고 사진을 찍어야 알람이 꺼지는 어플을
설치할 수 있다.
'또 알람을 끄고 늦잠을 잤다'는 자괴감은 도움이 되지 않는다.
목표를 정했으면 그 다음은 환경을 만드는 데 집중해야 한다.

인간은 동물이다. 그저 생각을 좀 할 뿐이다.
다른 동물들처럼 환경의 영향을 절대적으로 받는다.
여기서 환경은 만나는 사람, 자주 접하는 가치관,
많은 시간을 보내는 공간 등을 뜻한다.

가족도 환경이고 친구도 환경이고 읽는 책도 환경이다.
지금까지 만난 사람, 들은 말, 읽은 책, 생활공간 등이
현재의 우리를 만들었다.
만나는 사람, 듣는 말, 읽는 책을 바꾼다면
그 사람은 달라질 수밖에 없다.
누구를 만나, 무슨 이야기를 듣고, 어떤 책을 읽어야 하는가를
궁리해야 한다.

한 사람의 현재는 그 사람이 지금까지 했던 선택의 결과다.
누적된 선택의 결과와 그에 따른 환경이 그 사람의 현재를
만들었다. 그 선택의 결과, 지금의 자리에 왔다.
지금 있는 그 자리에서 기회가 보이지 않는다면
지금까지 하지 않던 선택을 해야 한다.
낯선 선택이 낯선 기회로 이끈다.

1장

꿈은 욕구 이전에 지식이다

세상과 만나는 방법

●
.
.
.
.

★

'내가 좋아하는 것이 정말 내가 좋아하는 것일까?'
지금 사는 집으로 이사 오면서 새로운 가구를 사야 했다.
넓은 거실에 쓸 가구가 필요했다.
검색을 했더니 화려한 가구들이 많이 나왔다.
드라마에 협찬했다는 곳이 있어서 찾아갔다.
몇 백만 원을 깎아줄 수 있다고 했는데 와닿지가 않았다.
여러 다른 곳도 알아봤지만 끌리지 않았다.

이튼 알렌이라는 미국 브랜드를 알게 되었다.
홈페이지에 접속해보니 끌림이 있었다.
비슷한 느낌을 주는 여러 가구 사이트를 방문하다가
어떤 소파 홍보 영상을 클릭했다.
빈티지 가구의 거장이라는 티모시 울튼이 디자인한 거라고 했다.

소파의 이름은 '클라우드'.
바쁜 현대인이 주말에는 소파에서 푹 쉴 수 있게끔
거위 털로 푹신하게 만들었다고 했다.
그 생각이 너무 좋았다.

검색을 좀 더 해보니 국내에도 들어와 있었다.
매장에 가서 앉아봤다.
과연 '클라우드' 같았다.
이로써 가구에 대한 내 취향이 정해졌다.
기존에 없었던 가구에 대한 취향이 생겼다는 게 정확한 표현이다.
한동안은 변하지 않을 것이다.

지금까지 일본에 오십 번 넘게 갔다.
갈 때마다 츠타야 매장에 꼭 들른다.
마스다 무네아키가 디자인한 공간이다.
요코하마의 레드브릭도 좋아하고 교보문고 지하에 있는
커피숍도 좋아한다. 동네 오래된 빵집도 좋아한다.
무언가를 좋아하려면 우선 무언가를 경험해야 한다.

처음 보는 음식이 내 입에 맞는지 어떤지를 알려면 먹어봐야 한다.
'먹어봤는데 맛이 없으면 어떡하지?
그냥 지금까지 먹었던 걸 먹는 게 낫지 않을까?
익숙한 것을 먹는 게 안전하지 않을까?'

블로거의 평가는 무의미하다.

방송에 소개되었다는 것도 무의미하다.

소문난 맛집이라는 것도 무의미하다.

참고는 하겠지만 직접 먹어보기 전까지 그것은

다른 사람들의 생각이고 의견일 뿐이다. 직접 먹어보지 않으면

내 혀와 뇌가 어떤 음식을 좋아하는지 알지 못한다.

나는 나의 경험이 제일 중요하다.

경험은 세상과 만나는 방법이다.

그 만남을 통해 내가 어떤 사람인지 알아볼 수 있다.

여러 사람을 만나봐야 내가 어떤 사람인지 알 수 있다.

어디서 충돌하고 어디서 통하는지 알 수 있다.

여러 책을 읽어봐야 내 생각이 어떤 문장에서 반응하는지 알 수 있다. 그리고 경험을 통해서만 나의 가능성을 시험해볼 수 있다.

익숙하다는 것과 좋아한다는 것은 다르다.

많은 사람들이 좋아하는 것과 내가 좋아하는 것은 다르다.

좋아한다고 말하는 것을 좋아한다고 확신할 수 있는가?

그렇게 말할 만큼 많은 경험을 했는가?

'다들 그렇다던데'의 세상에서 얼마나 벗어나보았는가?

선택은 환경의 산물이다

●
·
·
·
·

★

대구에서 태어나 자랐다.

고등학교를 졸업할 때까지 다른 지역에서 살아본 적이 없다.

부모님은 자영업을 하셨다.

친구들의 부모님도 크게 다르지 않았다.

자영업이거나 작은 회사의 직원이거나. 내가 아는 친구의

부모님 중 대기업에 다니거나 큰 기업체를 운영하는 분은 없었다.

이것이 열아홉 살까지 나를 둘러싼 환경이었다.

중학교 때부터 공부로 인정을 받았다.

공부를 열심히 하면 서울대에 갈 수 있고

그러면 사회적으로 인정받을 수 있다고 생각했다.

'열심히 공부해서 서울대 경영학과에 간다.

학점을 관리하고 스펙을 쌓는다.

대기업에 들어가거나 전문직이 된다.'
이것이 내가 아는 성공의 경로였다.
이 생각이 어떤 경로로 내 머리에 들어왔는지 알지 못한다.

제대한 뒤에 찾은 성공의 길은 사법고시였다.
법률가의 일이 무엇인지 몰랐다.
판사, 검사, 변호사가 어떤 삶을 사는지도 몰랐다.
그저 공부로 승부를 보겠다는 생각뿐이었다.
사법고시에 패스하면 서울대에 가지 못했다는
열등감을 한 방에 극복할 수 있을 것 같았다.

이후에는 미국 명문대의 로스쿨에 가려고 했었다.
나중에 말하겠지만 스물한 살 때의 특별한 일이
나를 완전히 다른 사람으로 만들었다.
나에 대한 기대가 높아졌고 무슨 일이든 해낼 수 있을 것 같았다.
하지만 그 기대감을 충족시킬 수단을 생각할 때는
여전히 중고등학교 시절의 생각을 벗어나지 못했다.

사람들은 주체적으로 선택한다고 생각하지만 그렇지 않다.
주어진 환경 내에서 선택하는 것이다.
누가 시켜주는 짜장면, 짬뽕만 먹어본 사람은
탕수육을 욕망하지 못한다.
메뉴를 모르기 때문에 다른 요리에 대한 욕구가 없다.
어쩌면 기름진 중화요리보다

담백한 일식이 입에 맞을지도 모른다.

나는 90년대 댄스가요를 좋아한다.
클래식은 별로 들어본 적이 없었다.
그래서 내 취향은 댄스음악이라고 생각했었는데 우연히 박지혜
바이올리니스트의 연주를 듣고 너무나 멋지다는 생각을 했다.
내가 전문가가 아니라 잘 표현할 수는 없었지만 깊은 울림이
있었다. 음악도 다양한 장르를 들어봐야 듣는 귀가 생긴다.
들어보기 전까지는 원할 수가 없다.

사람은 욕구에 따라 선택한다.
욕구는 환경의 지배를 받는다.
우리가 하는 선택은 환경의 산물이다.

요새 대학 도서관에는 학문을 탐구하는 학생은 없고 취준생들로
가득하다고 한다. 요즘은 1학년 때부터 취업을 준비한다고 한다.
그들이 알고 있는 직업의 수는 몇 개나 될까?
그들이 아는 모든 사람들의 직업을 분류하면 몇 종류나 나올까?
자신이 들어가고 싶은 직장에 대해,
그곳에서 일하는 사람들의 삶에 대해 얼마나 알고 있을까?
가족, 선후배, 친구 외에 누구를 만나봤을까?
자기 삶의 가능성을 어디까지 설정하고 있을까?

나는 나를 얼마나 쓰고 있을까

●
·
·
·
·

★

스티븐 윌트셔를 보면서 생각했다.
나는 지금 내 가능성을 다 쓰고 있는가?
스티븐 윌트셔는 도시를 그리는 화가다.
놀라운 일은 사진과도 같은 그의 기억력이다.
그는 20분가량 헬리콥터를 타고 도시 상공을 비행한 뒤,
며칠에 걸쳐 기억만으로 도시의 모습을 그대로 그려낸다.
도쿄, 뉴욕, 런던, 로마, 두바이 등의 도시가 그의 화폭에 담겼다.

그는 세 살 때부터 자폐증을 앓고 있다.
자폐증을 가진 사람 중 약 10퍼센트가 특정 분야에서
놀라운 능력을 발휘하는데, 이를 서번트증후군이라고 한다.
스티븐 윌트셔는 특별한 사람이다.

그의 특별한 기억력은 기계나 외계인이 아닌
인간으로서의 능력을 발휘하는 것이다.
나도 인간이고 스티븐 월트셔와 같은 생물학적 뇌를 갖고 있다.
그의 기억력만큼은 아니더라도 나의 뇌는 지금 내가 사용하는
것보다는 훨씬 더 월등한 성능을 갖고 있을 것이다.
나는 나의 뇌가 가진 가능성을 다 발휘하고 있을까.
물론 아니다.

세상에는 뛰어난 사람들이 많다.
그들은 모두 인간이고 다른 사람들과 똑같은 몸을 갖고 있다.
그래서 생각한다.
'나는 내 능력의 반의 반도 못 썼다.
무엇을 하면 나를 좀 더 쓸 수 있을까?'

최근 '소확행'이라는 가치관이 젊은 사람들 사이에서 유행하고
있다. 짧은 여행, 맛있는 음식, 돈이 많이 들지 않는 취미 등에서
'소소하지만 확실한 행복'을 찾는다는 것이다.
장기적인 계획, 커다란 성취는 이루어지기만 하면 멋지다.
그러나 어떻게 될지 모르고 자신도 없다.
그보다는 즉각적으로 보상이 주어지는 일이 낫다는 생각이다.

나는 의심한다.
소확행을 추구하는 삶을 적극적으로 선택한 것일까.
그게 마음에 쏙 드는 삶일까.

피치 못할 선택, 궁여지책은 아닐까.
가능성을 최대한 발휘하는 삶이 아니라,
최소한의 삶으로 자포자기해버린 것은 아닐까.
자신에 대해 너무 과소평가하고 있는 것은 아닐까.
아무것도 아닌 과거의 몇몇 일들로
의기소침해져 있는 것은 아닐까.

사람들을 만나면서 자주 이런 생각을 한다.
'자신에 대한 기대감이 너무 낮다.
자신의 가능성을 너무 적게 보고 있다.'

두 개의 사진을 붙여놓은 게 아니다. 한 장의 사진이다. 국경을 사이에 둔 멕시코와 미국이다. 미국에서 멕시코로 넘어갈 때의 충격은 아직까지 생생하게 남아 있다. 몇 미터 걸어가지도 않았는데 마치 시간을 거슬러가듯 풍경이 바뀌었다. 같은 땅이라도 어떤 시스템을 가지고 자원을 활용하느냐에 따라 완전히 달라진다. 그렇다면 당신이라는 나라는 어떤 시스템으로 어떤 자원을 어떻게 활용하고 있는가. 제대로 된 시스템과 적절한 자원 활용이 되지 않아서 헤매고 있는 것은 아닌가. 활용할 수 있는 자원을 방치하고 있는 것은 아닌가.

설렁탕과 피클

●
·
·
·
·

★

많은 사람들이 들어가는 설렁탕집에 떠밀려 들어간다.
반찬으로는 피클이 나온다. 뭔가 안 맞는 것 같다.
시원하고 매콤한 뭔가가 있으면 좋겠다.
주위를 둘러보니 다들 설렁탕과 피클을 먹고 있다.
다른 설렁탕집에 가볼까. 아니야.
어쩌면 자리가 없을지도 몰라. 피클조차 안 나올지 몰라.

'그래도 혹시' 하는 마음이 들 때, 피클을 먹던 사람들이 말한다.
"철없는 소리 좀 그만해. 나도 먹고 있고 네 친구도 먹었고
네 선배도 먹었고 네 아빠도 먹었어. 다들 그렇게 먹고 있잖아.
네가 그렇게 특별해? 별나게 좀 굴지 마."

많은 사람들이 별나게 굴지 않으면서 살고 있다.
'피클이라도 먹는 게 어디야'라는 생각으로 살고 있다.

최선이 아니라 차선, 어쩌면 최소한의 삶을 살고 있다.
가능성을 찾는 삶보다 안정적으로 보이는
삶을 지향하고 있다.
그러기에는 내 인생이 너무 소중하다.

설렁탕과 피클처럼 나와 맞지 않는 일과
적당히 타협하면서 살고 싶지 않았다.
불만족스러운 상태로 평생을 살고 싶지 않았다.
삶을 만들어나가고 싶지 생존을 위해 살고 싶지 않았다.
사회는 보기 중에서 원하는 것을 찍으라고 요구한다.
마치 그것들 외에는 아무것도 없는 것처럼.

인생은 객관식이 아니라 주관식이다.
그것도 단답형이 아니라 서술형이다.
그래서 한 번에 찾을 수 없다.
제대로 서술하려면 시행착오라는 대가가 필요하다.
그 과정이 없다면 진짜 자신이 원하는 일이라고 할 수 없다.
맞지 않는데도 꾸역꾸역 참으며 사는 것은
내 인생에 대한 예의가 아니다.

군대에 다녀온 후부터
'내가 기대하는 나'에게 맞는 일을 찾아다녔다.
시행착오도 많았다. 내 욕구를 찾는 과정이었다.
새로운 환경으로 나를 데리고 갔다.

그 과정이 나를 성장시켰다.

어떤 사람은 내게 용기가 있다고 했다.

하지만 아무것도 해보지 않고 공무원, 대기업 사원, 공기업 사원이

되겠다는 사람이 더 용기 있는 것 같다.

어떤 사람은 기회가 보이지 않는데 어떻게 움직이느냐고 한다.

나는 이렇게 말한다.

움직이지 않는데 어떻게 기회가 보이겠느냐고.

익숙한 불평의 세계

●
.
.
.
.

★

사람은 익숙한 것을 좋아한다.
익숙한 것이 당연한 것인 양 받아들인다.
낯선 것에 대한 두려움이 있다.
그래서 현재 처지를 불평하면서도
불만을 해소하기 위한 시도는 하지 않는다.

익숙한 불평의 세계에서 생각으로만 새로운 세계를 꿈꾼다.
불만은 더 많아진다.
공무원 시험을 준비한다, 공채를 준비한다.
변화의 가능성이 전혀 없다면 그렇게 살아야 한다.
용써도 바뀔 게 없다면 그렇게 살아야 한다.
익숙한 세계에서, 익숙한 사람들을 만나고, 익숙한 장소에만 가고,
익숙한 생각만 하면 익숙한 불평의 삶을 살게 된다.

인간은 익숙한 것에서 안정감을 느낀다.
안정감은 인간이 본능적으로 추구하는 감정이다.
이 본능은 죄가 없다. 자책할 일도 아니다.
다만 현대 사회에 적합하지 않을 뿐이다.

지금은 변화의 시대다.
개인의 변화보다 세상의 변화가 더 빠르다.
기술의 발전은 사람들의 인식 변화보다 빠르다.
시대는 우리가 변화할 때까지 기다려주지 않는다.
시대에 한참 뒤처지고 나서야 변화를 감지한다.

컴퓨터는 10명이 하던 일을 혼자서도 할 수 있게 했다.
기계화는 300명이 하던 일을 10명이면 충분하게 만들었다.
의사, 변호사, 회계사 등 전문직이 가졌던 여유와 안정은
이미 흔들리고 있다. 변화는 새로운 기회를 만들어낸다.

변화는 익숙한 곳을 위험하게 만든다. 이불 속은 안전하지 않다.
안정감을 느낄 뿐 실제로는 안전하지 않다.
이 사실을 모르는 사람은 없다.
그런데도 변화하지 못하는 가장 큰 이유는 변화에 대한 두려움이고
그 필요성을 느끼더라도 행동에 옮기기 어려운 이유는
집단의 압력 때문이다.

심리학자 솔로몬 애쉬는 1951년 심리실험을 했다.

10명의 대학생에게 시력 검사를 한다면서 그림 A와 길이가
같은 선을 그림 B에서 찾으라고 했다. 쉬운 문제다.

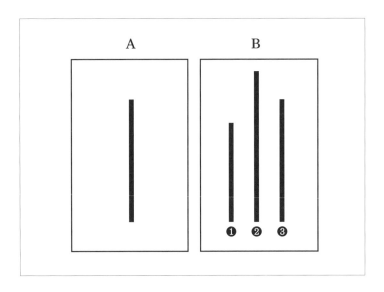

첫 번째 사람이 1번이라고 한다. 두 번째 사람도 1번이라고 한다.
아홉 번째 사람까지 모두 1번이라고 답한다.
열 번째 사람을 빼고는 모두가 이 실험의 협조자였다.
이 실험에서 76퍼센트가 협조자들의 오답을 따라 말했다.

다수의 사람과 다른 선택을 할 때
뇌에서 통증을 담당하는 부위가 똑같이 자극된다고 한다.
이런 뇌를 갖고 있는 것이 인간이라는 동물이다.
아홉 명 중 한 사람이라도 다른 오답을 말하면 피험자가

정답을 말할 확률은 95퍼센트로 올라간다.
한 사람이라도 다른 길을 가는 걸 보여주면
집단의 압력은 깨져버린다. 인간의 뇌가 가진 허점이다.
자신의 허점을 인지할 수 있다는 것이 인간의 위대한 점이다.

"사는 거 별거 없어. 그냥 다들 이러고 사는 거지."
익숙한 세계에서 익숙한 사람만 만나면 익숙한 생각만 하게 된다.
그 생각은 점점 더 강화된다. 회사 동료들이 만나는 사람의
거의 전부라면 회사원의 뇌를 갖게 된다. 친구도 선배도
공무원 시험을 준비하고 있다면 공시생의 뇌를 갖게 된다.
고만고만한 사람들, 비슷비슷한 사람들 사이에 있으면
그 수준의 생각에서 벗어나지 못한다.

다들 비슷한 나이의 비슷한 사람들만 만나고 있다.
집단의 압력을 깨려면 완전히 다른 환경에 있는 사람을
만나야 한다. 직장인이라면 사업가를, 사업가라면 예술가를,
20대라면 50대를, 50대라면 20대를 만나야 한다.
그들을 만날 수 있는 환경을 찾아서 자신을 밀어 넣어야 한다.

낯선 선택이 낯선 세계로 이끈다

●
·
·
·

★

나는 학벌에 민감했다.
서울대나 외국의 좋은 대학 나온 사람을 만나면
열등감을 느꼈다.
지금은 좋은 대학 나왔다고 대단하게 보지 않는다.
대학을 나오지 않았다고 무시하지도 않는다.
그 사람이 어디서 공부했는지는 중요하지 않다.
학벌이라는 기준은 나에게 너무 작아졌다.
학력보다는 학습력이 중요하다.
새로운 세계에 대한 오픈마인드,
본인의 변화 가능성에 대한 믿음이
삶을 바꾼다는 것을 알기 때문이다.

오랜만에 초등학교에 가면 학교가 참 작다는 느낌이 든다.

운동장도 작고 교실도 작고 의자도 작다.
하지만 그것들의 크기는 변하지 않았다.
우리가 그만큼 성장했기 때문이다.
중고등학교, 대학교, 사회라는 더 큰 세상을 경험했기 때문이다.

지금 대학생들도 20대의 나처럼 수능 점수에 따라 자신들을
서열화한다는 말을 들었다.
경험한 세상이 그것밖에 없기 때문이다.
대졸자들만 있는 직장에 들어가서 학연으로 얽힌 세상에서 살면
평생 '수능 점수'라는 세상을 벗어나지 못한다.

새로운 세계를 경험한다는 것은
삶의 가능성을 확장시키는 것이다.
세상을 바라보는 폭이 넓을수록 운신의 폭도 넓어진다.
내가 꿈꾸는 삶을 이미 살고 있는 사람을 만날 가능성도 높아진다.

학교와 집, 알바 그리고 몇몇 친구와 선후배.
직장과 집, 술집 그리고 몇몇 친구와 직장 동료.
지난 일주일 동안 어디서 누구와 무엇을 했는가.
그 전 일주일과 어떻게 다른가.
한 달 전과는 어떻게 다르고 1년 전과는 어떻게 다른가.
크게 달라진 것이 없다면 인생은 그렇게 흘러갈 것이다.

자신의 가능성을 확인해보려면, 새로운 가능성을 탐색해보려면

의도적으로 낯선 곳에 자신을 던져야 한다.
낯선 곳에 가려 하지 않는 것이 사람이기 때문에 밀어 넣어야 한다.
생각이 바뀌어서 그 자리에 가는 게 아니다.
그 자리에 가면 그에 맞는 생각을 하게 된다.

지금 만나는 사람 중에 나도 저렇게 살고 싶다'라는 마음이
드는 사람이 있는가. 만나는 사람 중에 자신이 원하는 것을
이루는 법을 아는 사람이 있는가.
그 방법으로 원하는 것을 이룬 사람이 있는가.
부자가 되고 싶다면 부자들 속에 있어야 한다.
작가가 되려면 작가들 속에 있어야 한다.
사업가가 되고 싶다면 사업가들 속에 있어야 한다.
부를 만드는 방법을 아는 사람, 작가가 되는 방법을 아는 사람,
사업을 이해하고 실제로 만들 줄 아는 사람을 만나야 한다.

몸이 아프다. 그러면 병원이라는, 평소에 가지 않던 공간에 간다.
거기에는 의사가 있고, 치료를 받는다.
우선 통증을 느껴야 한다. 그래야 병원에 가야 한다는 생각을 한다.
뚱뚱한 사람은 날씬한 사람을 만나야 자극을 느낀다.
우울한 사람은 생기발랄한 사람을 만나야 자극을 느낀다.
어제가 오늘 같고, 내일이 오늘 같을 사람은 하루하루를 설렘으로
시작하는 사람을 만나야 자극을 느낀다.
가난한 사람은 부자를 만나야 자극을 느낀다.
그 다음 순서가 날씬해지는 수단, 생기발랄한 삶의 수단,

부자가 되는 수단을 배우는 것이다.

근면, 성실, 정직, 열정은 좋은 덕목이지만 성공의 수단은 아니다.
성실하고 열정적인 편의점 알바는 성공하지 못한다.
나는 20대에 부자를 만났고 부자의 삶이 어떤지 알았다.
자극을 느낀 것이다.
그래서 성공의 수단을 탐구하는 20대가 되었다.

나는 지금 암웨이 사업을 하고 있고
내 꿈은 '영향력 있는 백수'가 되는 것이다.
이 꿈을 갖기까지, 이 꿈을 이룰 수단을 찾기까지
나는 많은 '낯선 문'을 열었다.

《영원한 자유기업인》

-제이 밴 앤델

누군가 돈이 많다면, 물려받은 것이 많거나 도구가 다를 것이다. 그것만으로는 내가 생각하는 부자가 아니다. 사람에 대한 연민이 있을 때 진짜 부자가 된다. 물려받았어도 사람에 대한 연민이 있다면 부자다. 자수성가했더라도 사람에 대한 연민이 없다면 부자가 아니다. 암웨이의 창업자 두 사람에게 더불어 사는 자본주의라는 개념을 배웠다.

'스스로 도울 수 있는 사람은 본인이 노력하고 도전할 수 있는 수단을 주어야 한다. 그리고 그 사람이 스스로 도울 수 있게 되면 주위에 스스로 도울 수 없는 사람들을 도와야 한다. 그래야 세상이 바르고 공정하게 돌아갈 수 있다.'

그 철학에 공감했고 그들의 파트너가 되고 싶었다.

사업은 매출과 이익으로만 돌아가지 않는다는 것을 배웠다. 얻는 것이 아니라 주는 것이 사업이 될 수 있다는 것을 알았다. 가슴이 뛰기 시작했다. 진짜로 경쟁 없이, 많은 사람들에게 기회를 주는 것만으로 크게 성공할 수 있는 사업이 있다는 것이 놀라웠다.

사업은 도전이고 새로운 것을 시도하고 경험하는 것이라는 것도 배웠다. 암웨이 회사 자체도 60년의 역사에서 원칙을 지키기 위해, 약속을 지키기 위해 막대한 손해를 감수했다는 것을 알았다. 이런 회사가 있을 수 있을까. 감동했다. 멋있었다. 이 회사랑 뭔가를 같이 하고 싶었다.

리치 디보스와 제이 밴 앤델은 모험가였다. 두 사람은 배를 타고 남미 해안을 여행했다. 그러다가 배가 침몰하는 사고를 당했다. 여행을 멈추고 안전을 추구하는 것이 보통일 텐데 두 사람은 다른 배를 빌려서 계획했던 여행을 마친다. 이들에게 반했다. 그들이 만든 회사가 굉장히 매력적이었다. 암웨이에는 여섯 가지 핵심가치가 있다. 정직과 신뢰(Integrity), 개인가치존중(Personal Worth), 자유기업가정신(Free Enterprise), 책임감(Personal Responsibility), 파트너십(Partnership), 성취(Achievement). 그럴 듯한 문구로 자기를 포장하는 회사들도 많다. 하지만 이러한 가치를 60년 동안 확실하게 지키려고 노력하는 회사는 아직 본 적이 없다. 내가 우리 사업을 사랑하는 이유다.

A STRANGE ENCOUNTER
changes your life

★

2장

낮선 만남이 인생을 바꾼다

생각보다 행동

●
·
·
·
·

★

말년 병장에게 가장 많은 것이 시간이다.
'내 기대에 맞는 나를 만들어줄 수 있는 일은 뭘까?'
자료를 찾을 수도 없고 사람을 만날 수도 없으니
생각만 많던 때였다. 말년 휴가를 나왔을 때 한 선배가
얼굴이나 보자면서 신림동으로 오라고 했다.
아마 고시공부를 하고 있었던 것 같다.

서점에서 선배를 기다리며 책을 보고 있었다.
그러다가 우연히 사법고시 합격 수기를 읽게 되었다.
재미있었다.
고시를 시작한 동기부터 합격까지, 일종의 성공학 서적이었다.
'아, 이거 괜찮겠다. 도전해보고 싶다.'

제대 후 고시공부를 시작했다.

학기 중에는 부전공으로 민법, 헌법 등을 들었다.

방학 때는 신림동 고시원에 들어가서 공부했다.

거기서 18년째 공부하는 사람을 알게 되었다.

그 형을 보면서도 내가 떨어질 거라는 생각은 한 번도 하지 않았다.

나는 뭐든지 할 수 있는 사람이니까.

하루는 그 형이 말했다.

"너 외국 나가본 적 있냐?"

"아니요."

그때까지 여권이 없었다.

외국에 나간다는 생각도 하지 못했다.

외국은 나에게 없는 세계나 마찬가지였다.

"외국에 한번 나가봐. 어차피 계속 공부할 건데, 지금 공부해서

합격한다고 해도 네가 뭘 사회를 안다고 판검사를 하겠냐.

나가서 경험을 좀 쌓아봐."

곧바로 갈 준비를 했다. 2001년, 911 사건 때문에

미국 비자가 나오지 않아 영국행을 택했다.

맞는 말인 것 같으면 일단 움직였다.

생각이 많으면 두려움이 생기고 그러면 움직이지 못한다.

외국에 나가본 경험이 없으면서

나가면 어떨까 생각해봐야 답은 나오지 않는다.

소개팅 하기 전에 상대의 얼굴을 상상해봐야 다 소용없는 짓이다.

모르는 건 백날 천날 생각해봐야 답이 나오지 않는다.
일단 경험이다.

뭔가 중요한 결정을 할 때 깊이 생각해야 한다고들 한다.
심사숙고를 하면 과연 좋은 결정을 할 수 있을까.
등하교를 할 때 몇 번 버스를 탈지 심사숙고하지 않는다.
출근을 할 때 좌회전을 할지 우회전을 할지 심사숙고하지 않는다.
우리는 학교, 직장으로 가는 길을 알고 있다.

심사숙고는 낯선 길을 갈 때 하는 것이다.
낯설다는 건 모른다는 뜻이다.
모르는 것에 대해 심사숙고하는 것은 가능한가.
처음 가는 길에서 만나는 언덕길,
그 너머에 대해 심사숙고하는 것은 가능한가.

반드시 될 거라는 보장만 있다면 심사숙고는 필요 없다.
대부분의 심사숙고는 '안 되면 어떡하지?'
'결정했는데 내가 생각했던 것과 다르면 어떡하지?'라는
두려움이다. 의미나 과정보다는 결과에 대한 두려움이다.

모르는 것에 대한 생각은 보통 두려움 혹은 걱정으로 이어진다.
이런 생각은 많이 해봐야 어떤 도움도 되지 않는다.
새로운 선택을 할 때 틀림없이 보장되는 한 가지는 있다.
경험이다.

실패에 대한 두려움보다
이 경험을 통해 배울 수 있는 무언가에 집중하면 된다.
두려워하다가 실패하면 아무것도 얻지 못한다.
경험을 통해 배우는 것에 집중하면
그 경험은 그 사람을 다른 곳으로 데리고 간다.

지금의 시도가 성공하든 아니든,
기회였던 아니었던 간에 그것은 분명하다.
생각은 걱정하는 데 쓰는 게 아니라
그 일을 되게 만드는 데 써야 한다.
그리고 되지 않았을 때 그것으로부터 배우는 데 써야 한다.

학벌은 없다

영국이라는 사회를 이해하고 싶었다.
영국의 역사를 배우는 방법도 있겠지만,
나는 돈을 벌어봐야 그 나라를 알 수 있다고 생각한다.
관광 백날 다녀봐야 다른 사람이 다 구경한 것을 따라가는 것일 뿐
그 나라를 이해하지 못할 것 같았다.

과외 이외에는 알바를 해본 적이 없었다.
어학연수를 간 유학생이 할 수 있는 일도 한정되어 있었다.
주로 식당이나 펍에 지원했다.
'아무것도 한 것 없는 한국인'이라고 적으면 안 될 것 같았다.
그래서 '아리랑 레스토랑'에서 몇 년 근무, 어디 바에서 몇 달
근무 등으로 거짓말을 했다. 신기하게 모두 떨어졌다.

하루는 길을 가다가 사람을 구한다는 펍의 공고를 봤다.

그냥 들어가서 사장에게 말했다.

"내가 한국에서 온 학생인데, 돈도 돈이지만 경험을 좀 하고 싶다.

근데 내가 술집이나 식당에서 일해본 경험이 없다.

하지만 배우는 자세로 할 테니 한번 써봐라.

써보고 쓸 만하면 돈을 주고 아니면 나가라고 해라."

그랬더니 이틀 일해보라고 했다. 그 펍에서 6개월을 일했다.

내가 맡은 일은 빈 술잔과 접시를 치우는 거였다.

일명 글래스 콜렉터.

저녁 6시부터 12시까지, 일하는 동안 한 번도 자리에 앉지 않았다.

그러나 성실하다고 실수가 없었던 건 아니다.

컵 씻는 기계에서 컵을 빼다가 왕창 깨먹었다. 비싼 컵이었다.

사장이 놀라서 달려왔다.

깨진 조각들을 정리하고 나서 사장이 말했다.

"보통 월급에서 까야 하지만 너는 good boy니까 괜찮아.

실수할 수 있어."

그 다음 언젠가는 보너스도 챙겨주었다.

그만둘 때 내가 왜 good boy냐고 물어봤다.

6개월 동안 한 번도 지각하지 않은 점을 좋게 봤다고 했다.

나를 모르는 환경에서는 내가 어떤 사람인지

내가 증명해내야 한다.

내신 1등급, 연세대는 한국의 기준일 뿐

영국에서는 아무 소용이 없다.
일정 기간 동안 보여준 나의 모습이 그들의 아는 전부다.

다른 종업원들하고도 친했다. 단 한 사람,
영국인 셰프는 나를 싫어했다. 싫어한다는 말도 하지 않았다.
6시부터 일을 시작하니까 저녁을 먹지 않고 출근했다.
배가 고팠다.
접시를 치우면서 깨끗하게 먹고 남긴 안주 몇 개를 집어먹었다.
어차피 버리는 거니까.
그때 셰프가 혐오스럽다는 듯이 보고 있었다.
그 후로는 눈도 마주치지 않았다.
그런 대접, 그런 시선은 처음이었다.

중학교 때부터 공부를 잘한다는 이유로
친구들과 어른들의 인정을 받았다.
한국에서 연세대라는 것만으로도 어느 정도의 프리미엄을 누렸다.
한국에서 내가 똑같은 행동을 했다면
'공부도 잘하는 친구가 성격도 털털하구만'이라고 했을지도 모른다.
그런데 영국에서는 아니었다.
그 셰프에게 나는 연세대 학생이 아니었다.
중국과 일본 근처에 있는 어떤 나라의 '지저분한' 사람이었다.
그때 나는 마음먹었던 것 같다.

더 큰 세상에서 인정받을 타이틀을 따야겠다고.

내 인생을 바꾼 만남

●
.
.
.
.

★

영국에서 친구를 사귀게 되었다.

그는 유학 사이트에서 알바를 하고 있었다.

그 사이트를 통해 영국에 가게 되었고 그 과정에서 알게 된 친구다.

이 친구는 그때까지 내가 만나보지 못한 환경에서

자란 사람이었다.

그의 아버지는 서울대 법대 교수였다. 꽤 유명한 분이다.

그의 누나도 서울대 법대 졸업 후 박사과정을 밟고 있었다.

그는 한국에서 3개 대학을 중퇴하고 당시에는 런던정경대학에

다니고 있었다. 그 집안의 별종이었던 것 같다.

그 친구가 말했다.

"형, 고시 하지 마. 우리 아빠 제자들 다 판검사, 변호사야.

근데 그렇게 멋있지 않아. 그냥 동네 아저씨야."

고시에 합격하기만 하면 '한 발 미끄러졌다'는 열등감을
한 방에 극복할 수 있다고 생각했다.
그런데 멋있지 않다고? 그냥 동네 아저씨라고?

나는 변호사, 판사, 검사를 만나본 일이 없다.
그 친구는 많이 만나봤다.
나는 그 친구를 신뢰한다.
"형이 한국 변호사로서 할 수 있는 게 뭐가 있어.
한국에서만 써먹지. 변호사라도 외국 가면 그냥 관광객이야.
미국 로스쿨에 가. 미국 변호사가 되면 뭔가 글로벌한 일을
좀 할 수 있지 않겠어?"

미국 변호사는 '얘네들도 인정할 만한 타이틀'에 부합했다.
나는 미국으로 갔다. 위스콘신대학에서 어학연수를 하면서
미국 로스쿨에 가기 위해 필요한 정보들을 수집했다.
한국에 돌아와 계절 학기를 4.3점 만점에 4.2점으로 마쳤다.
미국에서 온 지 얼마 되지 않아 토플은 거의 만점을 받았다.

추천서는 그 친구의 아버지께 부탁하려고 생각했다.
남은 건 에세이뿐이었다. 대행업체를 이용하고 싶지 않았다.
그런데 막상 에세이를 쓰려고 보니 쓸 게 없었다.
클럽활동을 해본 적도 없고 다룰 줄 아는 악기나 특별한 취미도
없었다. 공부 이외에는 나를 어필할 수 있는 다른 활동이 없었다.
'당신이 이 로스쿨을 졸업해서 사회에 미치고자 하는 영향은

무엇인가. 여태까지 살면서 리더십을 발휘한 경험은 무엇인가.
로스쿨에 가야겠다고 마음먹게 된 계기가 무엇인가.'
질문에 답할 내용도 없었다.

한국에 살면서 받아보지 못한 질문들이었다.
부모님도 선생님도 교수님도 묻지 않은 내용이었다.
네 점수가 몇 점이냐고 묻지 않고 왜냐고 묻고 있었다.
공부만 해서는 안 되겠다, 뭔가 다른 경험을 해야겠다.

그래서 그 친구, 그 친구의 초등학교 친구, 나 이렇게 셋이서
해외마케팅전략 경진대회 같은 공모전에 참가하고
다른 공모전도 준비하고 있었다. 셋이서 그러고들 있는데
하루는 그 친구의 초등학교 친구가 말했다.
"우리 아빠가 너희들 좀 보재."
"아버지께서 왜?"
"몰라. 그냥 좀 보재."
낯선 만남을 거부하지 않았다.

영국에서 만난 친구

부자는 기회를 주는 사람이다

●
·
·
·
·

★

"너희들 요새 쓸데없이 시간만 보내고 있다며.
그런 이벤트는 실제 배우는 게 아니야. 진짜 일을 좀 해봐.
강원도 원주에 땅이 있는데 그 땅에 아파트를 지으면 분양이 될지
안 될지, 분양이 된다면 평당 분양가가 얼마나 될지 알아봐."

친구의 아버지는 한 중견 그룹의 회장님이셨다.
아들이 말을 듣지 않으니 친구들과 엮어서 경영 수업을 시키고
싶었던 것으로 짐작한다. 그러면서 카드를 주셨다.
"쓸데없이 모텔에서 자지 말고 호텔에서 자.
버스 타지 말고 택시 타고 다녀. 먹고 싶은 거 다 먹어.
그 돈 아껴서 나한테 도움 안 돼. 일만 확실히 해와."

20대 초반의 남자 셋이 마음대로 써도 되는 카드를 받았다.

우리는 뭐라도 되는 양 의기양양해 원주로 갔다.
부동산중개업소 열 곳 정도를 다니면서 인터뷰를 했다.
그들은 인근 부동산에 대해 모르는 것이 없었다.
엄청난 정보가 쏟아졌다. 과연 전문가들이었다.
우리는 다수의 의견으로 정리해서 팩스를 보냈다.
미션을 완수한 뿌듯함이 느껴졌다.

"당장 올라와!"
불호령이 떨어졌다.
"아파트 한 채 소개하고 커미션 먹는 사람하고
아파트를 지어서 분양하는 사람하고 시각이 같겠냐.
공인중개사는 집에 특별히 하자 없고 뭐가 좋니, 뭐가 좋니
몇 마디 하면 돼. 그런데 짓는 사람은 이걸 다 팔아야 해.
이 보고서 가지고 너희들 돈 몇 백억 쓸 수 있겠어?
이거 가지고 은행 가서 몇 백억 대출 받을 수 있겠어?
이럴 거면 내가 너희들을 왜 보냈겠어.
다시 해와!"

우리는 되는 방법이 아니라 쉬운 방법으로 일을 한 것이었다.
의견을 종합할 게 아니라 우리가 판단해야 했다.
원주, 춘천, 삼척, 태백, 동해 등 강원도의 여러 도시들을
돌아다니면서 인구의 유입, 강원도의 발전사 등을 조사했다.
그 땅이 원주의 무엇과 연결되어 있는지 조사했다.
그렇게 조사하고 보니 아파트를 지어 분양해야 하는 사람의

시각으로 해당 지역을 볼 수 있게 되었다.

우리는 수익성이 떨어진다는 결론에 도달했다.
군부대와 인근의 유흥업소가 중요한 이유였다.
우리는 시장 타당성 보고서를 작성해 보냈다.
회장님은 만족해하셨다.
직원들 앞에서 발표도 시키셨다.

처음 '업무지시'를 받은 날부터 보고서 제출까지 한 달.
회장님은 우리들 각자에게 천만 원씩 주셨다.
그리고 회장실에 걸린 커다란 세계지도를 보면서 말씀하셨다.
"젊을 때는 일도 열심히 해야 하지만 여행을 많이 다녀야 해.
그래야 너희들이 큰 세계관을 가질 수 있어.
아무 데나 한 군데 찍어. 보름 동안 보내줄게."

지금 생각해보면 정말 놀랄 만한 제안이다.
액수만 쓰면 되는 백지수표처럼 나라를 정하기만 하면 되는
'백지여행수표'였다. 미국과 유럽은 이미 다녀왔다.
백지수표를 동남아시아에 쓸 수는 없다.
우리는 이번 기회가 아니면 도저히 못 갈 것 같은 나라,
브라질을 찍었다.

나는 부자에 대해 몰랐다.
부자는 돈이 많은 사람이 아니다.

부자는 기회를 주는 사람이다.
나는 그것이 올바른 부자라고 생각한다.
부자아빠를 둔 친구가 부러웠다.

만원버스

●
.
.
.
.

★

우리는 브라질에 갈 생각으로 들떠 있었다.
그런데 다음 날, 멕시코로 가라는 명령 아닌 명령을 받았다.
"브라질에서 그냥 놀다가 오는 건 지금 너희들에게
별로 생산적이지 않겠어. 멕시코에 가서 일을 하나 더 해,
가서 땅을 좀 사와 봐."
우리는 순순히 따랐다.

멕시코에서 우리를 도와주는 팀을 만나 필요한 조사를 했다.
그리고 밤에는 클럽에서 신나게 놀았다. 일이라는 것을
정말 신나게 할 수 있다는 걸 깨닫게 해준 경험이었다.
멕시코에서 돌아와 회장님을 다시 만났다.
"너희들 이제 졸업하고 뭐 할 거냐?"
"저는 영국도 좋았고 미국도 너무 좋았습니다.
이번에 멕시코를 가보니까 저는 글로벌이 맞는 것 같습니다.
미국 변호사가 돼 글로벌한 일을 하고 싶습니다."
20대의 원대한 포부를 발표했다.
말해놓고 보니 그럴 듯했고 스스로가 대견했다.

그런데 회장님이 나를 한심하다는 듯이 보셨다.
"야, 변호사는 네가 되는 게 아냐. 변호사는 쓰는 거야.
왜 될 생각을 하냐. 먹고 사는 건 노동으로 되지만
부는 사람의 생각에서 나와. 네가 보는 모든 전문직, 변호사, 의사,
회계사 다 일할 시간밖에 없어. 남 돈 벌어주는 일을 네가 왜
하려고 하냐. 네가 뭘 만들어서 그 사람들을 고용해야지.
학교 졸업하면 어디가 연봉 제일 많이 주니?"

다들 은행과 대기업 그리고 외국계 기업에 가고 싶어했다.
"그러니까 가난하게 사는 거야. 은행 다녀서 어떻게 돈 버냐.
은행을 만들어야 돈을 벌지."
변호사나 은행 입사는 당시 대학생들의 최종 목표였다.
그것만으로도 세상 사람들은 다 성공했다고 말한다.

'변호사를 쓴다, 은행을 만든다'는 말은 들어본 적 없었다.
세상을 바라보는 관점, 포부의 스케일이 달랐다.

은행을 만들겠다는 사람과 은행에 들어가겠다는 사람은
행동이 다르다. 행동뿐 아니라 인생을 대하는 태도 자체가 다르다.
사람은 어떤 이야기를 듣느냐에 따라 다른 꿈을 꾸게 된다.
꿈에도 생각하지 못한, 완전히 다른 의식이었다.

"사회는 만원버스야. 네가 가려는 자리, 어떤 자리든 사람이
꽉 차 있어. 네 자리가 언제 나는 줄 알아?"
"중간에 누가 내리지 않을까요?"
"사회라는 만원버스는 죽을 때까지 가는 거야. 절대 안 내려.
다들 자기 자리 꽉 잡고 있어. 근데 버스가 가다가 갑자기
서거나 출발하면 그때 빈틈이 생겨. 그때 머리를 들이밀면
그게 네 자리야. 사회에 나가면 절대로 많은 사람들이 좋아하거나
많은 사람들이 관심을 가지는 자리는 거들떠보지도 마.
끝물이거나 판타지야. 뭔가 꼬물딱꼬물딱 변화하고 있거나
몇몇의 소수가 굉장히 뜨겁게 외치는 것, 거기에 네 기회가 있어."

뭔가 좋은 말이라는 건 알았다. 하지만 그 의미를 알지 못했다.
엄청난 선물을 받아놓고 개봉하지 않은 것처럼.
다음 날도 나는 도서관에서 로스쿨 준비를 하고 있었다.
화장실에 가려고 일어났는데
수백 번은 보았을 장면이 달리 보였다.

'만원버스다!'
애들이 다 똑같은 책을 보고 있었다.
고시공부 하는 애들은 헌법, 민법.
유학 가는 애들은 해커스 영단어.
그 순간 로스쿨을 접었다.

고민하고 말고 할 게 없었다. 너무나 명확한 만원버스였다.
비로소 선물의 포장지를 뜯고 내용물을 본 것이다.
부자아빠의 메시지를 듣지 않았다면
그 익숙한 환경이 다르게 보일 수 있었을까.
낯선 메시지는 다른 의식을 만든다.

회장님을 찾아갔다.
"제가 만원버스의 의미를 알았습니다. 근데 뭘 해야 할까요?"
"네 사업 해야지."
"저 부모님이 매달 50만 원씩 보내주세요.
그 돈으로 생활비 쓰고 나면 여윳돈이 없습니다.
사업을 시작할 만한 자본도 없고 경영학과라서
아이템을 만들 기술도 없습니다. 고등학교까지
대구에서 나와서 서울에 아는 사람도 없어요.
무슨 사업을 합니까?"
"그건 네가 알아봐야지. 사업은 고민부터 시작하는 거야.
다른 길을 찾으면 한번 찾아와."

그때 결심했던 것 같다.
'사업가가 되어야겠다.
내 것을 만들어야겠다.
내 것을 가지고 싶다.'

그러나 당장 할 수 있는 사업은 보이지 않았다.
무엇을 할지는 모르지만 내 사업을 한다는 것은
내 매출을 일으키는 것이다.
그렇다면 내가 세일즈를 할 수 있어야 한다.
지금까지는 공부만 했으니 세일즈를 배워야겠다.
내가 내린 결론이었다.

원하는 것이 달라지면 접근 방법도 달라져야 한다.
더 이상 책상에서의 공부는 의미가 없었다.

꽃길에 대한 환상

●
·
·
·
·

★

2004년, 졸업 후 나의 첫 직장은 외국 자동차 영업소였다.
'상식'에 맞지 않는 선택이었다.
친구들은 내가 차를 팔러 간다니까 의아해했다.
만점에 가까운 학점과 토플 점수,
지나친 하향지원이라는 의견이었다.
상식의 눈으로 보면 그랬다.

나는 하향지원이 아니라 사업가가 되는 과정이라서
선택한 것이다.
야심 차게 시작했지만 친구들의 시선은 나를 불편하게 했다.
그렇다고 나에게 어떤 변화가 일어났는지 설명하기는 어려웠다.
지나고 나서 생각해보면 당연한 일이다.
낯선 선택을 하면
응원하는 사람보다 이상하게 보는 사람이 더 많다.
그들을 없는 사람인 양 할 수도 없다. 안고 가는 것이다.

매출 성적은 나빴다. 석 달 동안 딱 한 대를 팔았다.
그것도 친구에게.
3개월을 다니고 그만둔 이유는 차를 못 팔아서가 아니었다.
나는 세일즈를 배우러 갔다. 그런데 딜러라는 개인이
고객이라는 개인에게 하는 영업만 보였다.
내가 배우고 싶은 세일즈는 아니었다. 거기다 편법도 보였다.
구체적으로 말할 필요는 없지만,
영업사원이 실적을 맞추려고 쓰는
'기법'이 있다. 그런 편법을 배우고 싶지 않았다.
짧은 기간의 경험으로 세일즈를 알았다고 할 수는 없다.
하지만 내가 경험하고 싶고, 배우고 싶은 세계는 아니었다.

이후 한 대기업에 들어갔다.
전 계열사의 신입사원들은 4주 동안 연수원에서 교육을 받았다.
400명의 신입들은 10명씩 40개 팀으로 나뉘어 팀별, 개인별

과제를 수행하고 평가를 받았다. 나는 우리 팀의 팀장을 맡았다.

낯선 사람들이 모인 자리에서 리더가 되는 건 아주 쉽다.

약간의 적극성만 있으면 된다.

사람들은 낯선 환경에서 자신의 노출을 꺼린다.

어느 정도 익숙해지면 그때 자신을 오픈한다.

다른 사람들이 오픈할 수 있는 분위기를 만드는 사람이

바로 리더가 된다. 말을 많이 하는 사람이 아니라

말을 많이 할 수 있도록 분위기를 만들어주는 것이 중요하다.

말을 하게 만드는 것은 쉽다. 질문을 하면 된다.

4주간의 교육이 끝나고 평가 결과를 발표했다.

나는 400명 중 2등을 했다.

나, 왜 이렇게 우수하지?'

자만심 같은 건 아니었다.

나와 그들의 다른 점은 뭘까?'라고 곰곰이 생각해보았다.

신입사원으로 들어온 친구들의 학벌이나 능력은 고만고만하다.

다른 점은 주도적으로 선택한 경험치였다.

나는 영국 펍에서도 일했고 월드컵 홍보를 빙자한 장사도 해봤다.

미국에 가서 라이프가드 시험도 봤다.

원주, 멕시코에서 땅도 사봤고 일해 봤고 자동차 딜러도 해봤다.

누가 시켜서 억지로 하지 않았다.

매번 낯선 선택을 했고,

그 선택이 남다른 경험을 하게 했고,

그 경험이 나를 변화시켰다.

20대에는 남들이 인정하는 회사에 입사하는 것보다,
좋은 조건의 근무환경에서 일하는 것보다
경험을 추구해야 한다.
자신을 힘들게 했던 경험이 자신의 경쟁력이 된다.
어디에 가면 경험을 가장 많이 할 수 있고
어디 가면 나를 가장 담금질할 수 있을까.
나를 깨줄 곳은 어디인가.
죽지 않을 만큼 혹독하게 훈련시키는 곳은 어디일까.
인생의 담금질은 꼭 필요하다.
죽지만 않으면 강해진다.
그걸 알게 되었다.

물론 20대 경험이 전부는 아니다.
다만 20대는 운신의 폭이 넓다.
부양해야 할 가족도 없고, 실수를 해도 만회할 시간이 있다.
무엇보다 20대의 도전에 대해서는 결과를 묻지 않는다.
'경험 그 자체'로 가치를 부여할 수 있는 시기다.
30대 직장인이 훌쩍 영국에 가서 6개월 동안 담금질하기는 어렵다.
하려면 할 수도 있지만 쉽지 않다.
'훌쩍 떠나는' 결정을 많이 하는 때는 퇴직 이후인 경우가 많다.

또 하나.
400명은 모두 신입사원이었지만 서 있는 위치는 달랐다.
그들 중 상당수는 그 당시 '이제 내 앞에는 꽃길만 남아 있다'고

생각했을 것이다. 고시생은 고시패스를 하면 꽃길만 있을 거라고
생각한다. 취준생은 입사를 하면 꽃길만 있을 거라고 생각한다.
그들에게 입사는 최종 목표다.
나는 내 사업을 하기 위한 준비 단계였다.
친구들의 부러움을 받으며, 부모님의 칭찬을 받으며
대기업에 입사한 사람들은 꽃길을 걸으며 행복해하고 있을까.
고등학교 동기들, 대학교 선후배들 중에는
지금도 대기업에서 일하는 사람들이 있다.
그들에게서 꽃향기가 나지 않는다.

직장인의 뇌

●
.
.
.
.

★

기획실로 발령이 났다.

기획!

기업의 미래를 설정하고 현재를 계획하는 기획실,

이라고 순진한 생각을 했다.

'아, 이건 좀 아닌 것 같다.'

일주일 만이었다.

기획실 직원인데 복사하고 회식 장소 정하는 게 주요 업무였다.

큰 조직의 기획실이라면 뭔가 큰일을 할 줄 알았는데

다 부스러기 같은 일이었다.

내가 하는 일이 기업 전체에서 어떤 의미인지도 알 수 없었다.

전체가 돌아가는 시스템을 보려면 작은 기업이 나았을 수도 있다.

아무튼 내 자신을 다 쓰고 있지 않는 나를 발견했다.

시간만 보내고 있는 나를 발견했다.

일하는 게 아니라 일하는 척하는 게 힘들었다.

다들 모니터를 들여다보고 있었다.
하지만 'Alt+Tab'신공을 쓰는 선배들이 많았다.
쇼핑 사이트, 뉴스 사이트가 순식간에 사라졌다
나타나는 것을 수없이 목격했다.
'아! 이곳은 사람들이 자신의 베스트를 다하지 않는 조직이구나.'
직장인은 베스트를 다하지 않아도 월급이 나온다.
월급을 기준으로 보면 베스트를 다하지 않는 것이 베스트다.
그 월급을 벌기 위해서 나를 여기에 놔두기에는
20대의 내가 너무 아까웠다.

월급이 적어도, 아예 받지 않아도 훈련을 하고 성장하고 싶었다.
도전의식을 불러일으키는 곳에서 일하고 싶었다.
실제가 어떻든 일하는 것처럼 보이고, 능력 있는 것처럼 보이는 게
중요한 조직이라면 내게는 맞지 않았다.
직장 선배들이 직장인의 뇌를 갖고 있다면
그들에게 둘러싸여 있는
나도 직장인의 뇌를 장착할 가능성이 높다.
그들은 미래의 내 모습이다. 베스트를 다하지 않는 것은
나에게도 거짓말이고 회사에도 거짓말이다.
무엇보다 내 인생에 대한 거짓말이다.
내 가능성을 가두는 일이다.
20년 후의 내 모습도 보았다.

회식을 하는데 다른 부장들이 한 부장에게 잘 보이려고 하며
뭘 계속 물어봤다. 옆에 앉은 선배에게 이유를 물었더니
대답이 참 그랬다.
"야, 대박이야. 저 부장님 사모님이 재테크를 잘해서 대치동에
32평짜리 아파트가 있는데 부장님들이 부러워서 저러는 거야."
이 조직은 뭔가? 어떤 사람은 한 채가 아니라 아파트 단지를 짓고
팔 생각을 하고 있는데 여기는 한 동도 아니고 한 채가 꿈이구나.
이 조직은 꿈이 너무 작다. 여기 있으면 꿈이 작아지겠다.
그리고 또 한 번.
어떤 부장님이 퇴사 후에 놀러왔다. 근데 다들 굉장히 부러워했다.
"야, 저 부장님 인생 폈어. 40대 중반에 나가면 어디 취업할 데가

없는데 처제가 하는 학원에서 하루 두 번 운전해주고
월급 삼사백 받는대."

뭐지 이 조직은? 이 사람들은 여기 왜 다니는 거지.
돈을 많이 버는 것도 아니고 성공하는 것도 아니고
왜 여기 있는 거지.
여기서는 사업가가 되는 훈련은 못 받겠다.
과장님, 부장님도 사업가가 안 됐다.
다들 직장인의 뇌를 갖고 있었다.
사업가를 만들어내지 못하는 환경이다.
신입사원에 불과했지만 내 안에서 강하게 외치는 소리가 들렸다.
'NO! 여기는 내가 있을 곳이 아니야.'

그 무렵 뇌가 엄청 뜨거웠다. 많이 고민했다.
'나 같은 사람은 사업을 하지 말라는 건가'라는 생각으로
하루하루 보내고 있을 때였다.
우연히 어머니가 갖고 있던 테이프를 들었다.
당시 어머니는 암웨이 사업을 하고 있었고 그 테이프는
일본 젊은 사람들의 이야기였다.
암웨이에는 관심이 없었지만
젊어서 뭔가 성취한 사람에 대한 관심은 많았다.
나는 암웨이가 내가 생각했던 사업이 아니라는 것을 알게 되었다.
내가 알고 있었던 주부들만의 사업이 아니라는 것도 알게 되었다.
진짜 거대한 플랫폼이라는 것을 알게 되었다.

입사 후 서너 달 후부터 본격적으로 암웨이를 공부하기 시작했고
1년 만에 회사를 그만두었다.
나는 암웨이에서 사업의 기회를 보았고
그 기회를 성취로 만들었다.
나는 이 길이 맞다고 확신한다. 물론 유일한 기회는 아니다.
그러나 누구든 자신이 확신하는 길로 가야 한다고 믿는다.
아닌 것 같지만, 원하지 않지만 어쩔 수 있겠느냐는 태도는 아니다.
슈퍼맨으로 태어났으면서
'그래도 걸을 수 있는 게 어디야'라는 태도는 정말 아니다.

부자 아빠의 반대

●
.
.
.
.

★

암웨이 사업을 시작하고 얼마 되지 않았을 때였다.
칠판을 새로 사고 동생의 양복을 빌려 입었다.
미뤄둔 숙제가 있었다.
내 인생의 방향을 바꿔준 분,
만원버스에서 내리게 해준 분을 만나야 했다.
가장 먼저 알리고 인정받고 싶은 사람이었다.

밤 9시에서 10시 사이, 버스를 타고 평창동으로 갔다.
회장님 서재에 가서 칠판을 폈다.
지금까지 그렇게 떨어본 적이 없다.
'내가 저 사람에게 이런 이야기를 하다니.'

떨리는 목소리로 사업설명을 시작했다.

그런데 회장님의 표정이 점점 안 좋아졌다.
'결론은 벌써 나왔는데 이야기를 하니까 들어주기는 하겠다'라고
말씀하시는 것 같았다. 몇 시간 같은 한 시간이 지났다.

"암웨이가 나쁘다는 게 아니라 네가 하기에는 아닌 거 같은데?
네가 이런 회사를 만들어야지,
일개 판매원으로 들어가면 어떡하니.
결국 다이아몬드가 되어도 회사에 끌려다니게 될 거야.
네가 어떤 사업을 하는 것도 아니고
판매원이 되는 건 좀 아닌 것 같은데,
이 일을 하면 네 인생에 좀 아쉬움이 남지 않을까."
마음속으로는 회장님도 이 사업에 대해서 전혀 아는 게 없고
기존의 고정관념을 그대로 갖고 있다고 생각했지만
아무 말도 하지 못했다.

세상 누가 반대해도 회장님만 인정해주면 끝이었다.
그런데 가장 인정받고 싶은 사람에게 인정받지 못했다.
두려움이 밀려왔다.
'정말 이 길이 아닌가. 진짜 내가 모르는 뭔가가 있나.
내가 믿는 분이 인정하지 않는 일인데, 해도 될까.
나는 사업을 하고 싶은데 그냥 판매원이 되는 건가.'
불안했다.

어떻게 인사를 하고 나왔는지 기억도 나지 않는다.

빨리 그 자리를 벗어나고 싶다는 생각뿐이었다.
내가 너무나 초라하고 작아진 느낌이었다.
버스정류장까지 걸어가는데 아무 생각도 나지 않았다.
그저 멍했다.
나를 이 길로 오게 한 사람이 이 길을 부정했다는 생각뿐이었다.
뭔가 내 마음에서 아주 작은, 꼬물딱꼬물딱 움직이는 게
있었다는 것을 그 순간에는 알지 못했다.

집에 도착해 양복을 벗었다. 와이셔츠가 축축하게 젖어 있었다.
그리고 꼬물딱꼬물딱 움직이던 것이 정리되기 시작했다.
그것은 오기였다.
회장님은 내 인생의 방향을 바꿔준 분이다.
절대로 부정할 수 없는 사실이다.
회장님이 훌륭한 분인 것은 맞다.
하지만 암웨이에서 성과를 낸 분은 아니다.
그분이 암웨이로 성공하지 않았는데 그분이 아니라고 했다고 해서
그만둔다면 내가 바보가 되는 것 같았다. 야구에서 성공한 사람의
조언을 축구 꿈나무가 따를 필요는 없다는 생각이 들었다.
내가 맞았다는 것을 결과로 증명하고 싶었다.
'일단 내가 목표로 했던 성취를 이룬 다음에 생각하자.
결과도 없이 섣불리 판단하는 것은 현재 상황을 피하려는 것이다.
일단 해보자. 아직 젊으니까 내가 정한 결과를 내본 다음에
아니라면 다른 길을 찾자.'

누구든 자기가 믿고 의지하는 사람에게 인정을 받으면 힘이 난다.
그의 지지만큼 힘이 되는 것이 없다.
반대로 거절을 당하면 힘이 빠진다.
하지만 그 사람이 그 분야의 전문가가 아니라면 굳이 그 말을 따를
필요는 없다. 어떤 사람이든 자기 세계가 가진 한계는 있는 법이다.
자유 낙하하던 새가 날개를 펼칠 때 상공으로 치솟는 것처럼
나도 크게 추락했다가 높이 날아올랐다.
친구들에게 '암선생'이라는 조롱을 들었을 때는

'너희들이 뭘 모르니까 그러는 거지'라며 무시하고 끝낼 수 있었다.
하지만 내 인생의 방향을 바꿔준 사람의 반대는
나를 크게 추락시켰다. 그러나 그 반대를 이겨내기 위해 애쓰며
더 힘차게 올라갈 수 있었다. 그때 엄청 크게 성장했다.

돌이켜보면 그때 비로소 그의 영향력에서 벗어나
주도적인 삶으로 들어섰던 것 같다.
'회장님이 그렇게 말씀하시니 그게 맞나보다' 하고서 포기했다면
나는 여전히 누군가의 인정을 기다리는 사람이었을 것이다.
두려웠던 평창동의 오르막길, 멍했던 평창동의 내리막길,
축축했던 와이셔츠 그리고 한 점에서 시작해 온몸을 달궜던 오기.

그날로부터 12년이 지났을 때였다. 반가운 전화가 왔다.
"우리 회사에서 의료기기를 론칭하려는데, 암웨이 방식으로
해보고 싶어. 자네가 좀 도와주게. 자회사를 만들려고 하는데
자네가 회사를 맡아줬으면 좋겠어."
12년 만에 간접적으로 내 인생의 방향을 바꿔준 분에게
인정을 받았다. 하지만 모르는 분야이기도 했고 내 일에 집중하고
싶어서 정중히 거절했다. 다시 직장인이 되고 싶지 않기도 했고.
회장님의 전화를 받고 데자뷰가 느껴졌다.
12년 전 버스 안에서 이런 일이 일어날 것을 알았던 것 같은.
그때 이미 내 자리를 분명하게 잡았던 것 같은.
늘 존경하고 고마운 마음이다.

《돈과 인생의 비밀》

-혼다 켄

《부자가 되려면 부자에게 점심을 사라》의 저자 혼다 켄. 그는 젊은 시절 백만장자를 만나 그들로부터 성공 철학을 배워 30세 초에 백만장자가 되었다. 세계적인 머니 트레이너로, 세미나 강사로 많은 사람을 부자로 만든 혼다 켄의 기본 사상을 담은 이 책은 더 많은 사람들이 행복한 부자가 될 수 있도록 자신의 자전적 경험을 이야기한다.

내 상상력은 한계가 있다. 경험의 세계도 한계가 있다. 세상에는 내가 미처 생각하지도 못한 문제를 고민한 사람들이 있다. 내가 인식하지 못한 나의 문제이기도 하다. 그리고 내 마음에 쏙 드는 해결책을 발견할 때도 있다.

'행복한 작은 부자'라는 개념은 신선했다. 돈을 많이 벌더라도, 그 돈이 하기 싫은 일에서 나온다면 행복하지 않다. 하고 싶은 일을 하고 있더라도 경제적으로 곤궁하면 행복하지 않다. 일을 하지 않아도 수입이 생기는 자산이 있고, 하고 싶은 일을 통해서도 수입이 나온다면 자유롭게 살 수 있다. 수입의 액수는 각자 다르다. 하지만 많이 벌더라도 일을 하지 않는 순간 수입이 끊긴다면 기본적으로 불안을 안고 살 수밖에 없다.

20대에 행복한 작은 부자라는 개념을 배움으로써 행복한 작은 부자를 꿈꾸게 되었다. 그래서 빨리 대기업을 그만두었다. 직장인 생활, 그 길의 끝에는 행복한 작은 부자가 없었다.

40대 후반이 되어서도 선택권을 가지지 못하고 힘들게 회사에 다니는 직장 상사들을 많이 보았다. 내가 그 모습이 된다면 나는 내 시간을 그냥 보낸 것이다. 뭔가를 만든 것이 아니라 시간과 생계를 맞교환한 것이 된다. 누군가 말했다.

"나는 돈 벌면 행복할 줄 알았다. 하지만 행복을 팔아서 돈을 번 것이었다."

행복한 작은 부자라는 개념을 받아들이면 직장 생활도 달라질 수 있다. 퇴근 후나 주말에 자신의 미래를 준비할 수 있다.

'회사 생활도 힘든데 다른 일을 어떻게 해.'

하지만 회사 일을 하는 것과 내 일을 하는 것은 완전히 다른 경험이다. 듣지도 보지도 생각지도 못한 삶의 형태가 있을 수 있다. 그것이 자신이 정말 원하는 삶일 수 있다. 최선의 삶이 있는데도 그것을 알지 못해서 그냥 살아야 한다면 너무 억울하다.

많이 알아야 한다. 많이 봐야 한다. 그래야 진심으로 원할 수 있고, 진심으로 원해야 도전해서 이룰 수 있다. 다양한 삶을 볼 수 있는 곳으로 자신을 보내야 한다.

THE ENVIRONMENT DETERMINE
ME

★

3장

환경이 나를 결정한다

사람은 이성적이지 않다

●
.
.
.
.

★

코이라는 관상어가 있다. 어항에 넣고 키우면 10센티까지 자란다.
강물에서 자라면 25센티까지 자란다.
수족관에 키우면서도 더 크게 키우는 방법이 있다.
더 큰 물고기를 넣어두면 된다.

사람은 자기 주위에 있는 사람에게 가장 큰 영향을 받는다.
자기 주위에 큰사람이 있으면 크고 싶어진다.
작가를 만나면 글을 쓰고 싶어지고
운동선수를 만나면 운동을 하고 싶다.
술친구를 만나면 술을 마시고 싶다.
걱정 많은 사람이 옆에 있으면 걱정이 생긴다.
늘 도전하는 사람이 옆에 있으면 나도 도전하게 된다.
왜 자식들이 부모의 싫어하는 모습까지 닮는지 생각해봐야 한다.

자주 만나는 '사람이라는 환경', 즉 관계의 영향이 가장 크다.

사람들은 얼마나 능동적으로 관계를 만들어나갈까.
대부분은 우연에 기댄다. 부모와 형제는 선택권이 없었다.
초등학교 친구는 그냥 같은 동네에 살았고
우연히 같은 반이 되었다.
중고등학교, 대학, 직장도 다르지 않다. 내가 갔는데
그 사람도 거기에 있었다. 익숙해지면서 친해지게 된 관계다.

내 삶에 우연히 들어온 사람들을 수동적으로 만나고 있다면
내 선택이 아니라 주어진 대로 살고 있는 것이다.
그들과의 관계가 다 거짓이라는 건 아니다.
하지만 지금과 다른 삶을 살고 싶다면 지금까지와는
다른 사람을 만나야 한다. 적극적으로 그런 사람을 찾고
적극적으로 관계를 맺어나가야 한다.

나는 지금보다 더 나은 사람이 되고 싶다.
그래서 더 나은 사람을 만나고 싶다.
현재를 부정하는 것이 아니다.
내 안의 변화 가능성을 좀 더 확인하고 싶은 것이다.

철인이 되는 환경

●
⋮
⋮
⋮
⋮

★

일요일, 20대 친구 세 명이 텔레비전을 보고 있다.

한 채널에서 마라톤을 중계하고 있다.

"땡볕에서 왜들 저러고 있는 거야."

"그러게. 선수도 아니면서."

이렇게 이야기가 나오면 '나도 한번 뛰어볼까?'라는 마음이

들더라도 말을 꺼내지 못한다.

마라톤 대회에 참가할 가능성도 낮아진다.

반대의 경우도 있을 수 있다.

"땡볕에서 왜들 저러고 있는 거야."

"너, 마라톤 뛰어본 적 없어?"

"그러게. 나도 우리 동호회 사람들이랑 일 년에 두세 번은 참가해."

"힘들지 않아? 잘 뛰는 사람들이나 하는 거 아냐?"

"힘들긴 뭐가 힘들어. 우리보다 서른 살 많은 사람도 뛰는데."
그러면 '나도 한번 참가해볼까?'라는 마음이 생기기 쉽다.

운동을 하지 않는 사람들 사이에 있으면
마라톤은 특별한 사람들만 하는 것이다.
하지만 뛰는 사람이 많으면 배우고 연습하면
누구나 할 수 있는 것으로 인식된다.

내가 철인3종 경기에 참가한 경위가 딱 이랬다.
내 멘토 김일두 리더가 경기에 참가한다고 해서 응원을 갔다.
숨 한 번 헐떡거리고 만족감이 가득한 얼굴로,
숨 한 번 헐떡거리고 성취감이 가득한 얼굴로,
결승점에 들어오는 사람들을 보았다.
축하의 박수를 치는 사람들을 보았다.
그 열기는 내게도 전해졌다.

'멋있다! 60세가 넘은 분도 하는데 나도 해볼까?'
새로운 분야에 대한 설렘과 두려움이 함께 생겼다.
철인 수영부터 배우기 시작했다.
나는 체력장에서 만점을 받지 못했다.
오래달리기를 끝까지 뛰지 못했기 때문이다.
그런 내가 철인이 되었다.

클래식에 관심 없던 사람도 '우연히' 굉장히 멋진 연주를 보고 나면

음반을 구매할 수 있다. 해외여행에 관심 없던 사람도
수십 개국을 다녀온 친구가 있으면 해외여행에 관심이 생긴다.
지금 몸은 편하고 마음만 불편한 상태라면 다른 자극이 필요하다.

낯선 만남이 필요하다.
누구에게 어떤 긍정적 영향을 받을지 모른다.
미처 발견하지 못했던 자신의 욕구를
사람을 통해 발견할 수도 있다.

인생은 투자다

•
.
.
.
.

★

우연히 철인3종 경기를 본 후 참가해보겠다고 결심한 사람이 있다.
무엇부터 해야 할까. 동영상을 찾아볼 수 있다.
책을 찾아볼 수 있다. 경기의 역사를 찾아볼 수 있다.
다 좋은 일이다. 하지만 처음 해야 할 일은 아니다.
모르는 분야에 도전할 때는 이미 그 도전을 하고 있는 사람,
가능하다면 자신이 도전하려는 것을 성취한 사람을 만나야 한다.
나에게는 지금의 아내가 철인환경의 멘토였다.

오랜 옛날처럼 안내자를 찾아 팔도를 헤맬 필요도 없다.
인터넷 포털에 '철인'이라고 검색하면 된다.
동호회에 가면 연륜과 경험이 있는 사람을 만날 수 있다.
그들은 언제 대회가 있는지, 어떤 장비가 필요한지,
어떤 훈련을 해야 하는지 안다.

내가 시작했을 뿐이지 그 분야의 정점을 찍은 사람들은 이미 있다.
시작하는 사람들만 있으면 끝까지 가기 어렵다.
결과를 낸 사람이 가르쳐주니까 쉽게 할 수 있는 것이다.
그들과 어울리면 그 분야를 잘 알 수 있다.
경기에 참가해 완주하는 자신을 떠올리게 된다.
뭔가 하길 원한다면 그걸 하고 있는 사람을 만나면 된다.
내가 도전하는 과제를 먼저 깨 본 사람을 만나면 쉽다.

여기서 간을 보거나 발목만 담그는 사람들이 있다.
'너무 힘들면 어떡하지? 아니면 어떡하지?'
신중한 게 아니라 주저하는 것이다.
변화하기 위해서는 투자 마인드가 있어야 한다.
철인에 도전하겠다면서 운동화도 한 켤레도 사지 않겠다?
멋있지만 운동할 시간을 못 내겠다? 다른 일도 그렇다.
모두가 '되면 좋지'라는 바람만 가지고 있을 뿐,
실제로 결과를 내기 위한 행동들을 제시하면 바로 꼬리를 내린다.
본인이 정작 행동해야 할 시기에 오면 자기 자신을 부정한다.
'그냥 한번 말해본 거야.'
투자하지 않고도 그냥 어떻게 잘 됐으면 좋겠다는 태도다.
그러면 못한다. 내가 경험한 세상에 공짜는 없었다.
책에서도, 다른 사람들에게서도 공짜가 있다는 말을 듣지 못했다.

돈을 들이고 시간을 들이고 감정을 들이는 모든 것이 투자다.
끝까지 가는 사람은 시작할 때부터 몸을 풍덩 던진다.

그렇게 해도 실패하는 사람이 있을 수 있다.
하지만 발목만 담그는 사람보다는 성공할 확률이 훨씬 높다.
투자하는 만큼 비전을 본다. 투자하는 만큼 마음이 간다.
언제든지 발을 뺄 수 있는 사람과 몸을 완전히 담근 사람 중
누가 끝까지 갈 수 있겠는가.

정말 중요해서, 소중해서 투자하는 게 아니다.
돈과 시간과 에너지를 투자했기 때문에 소중해지는 것이다.
뭔가를 시작할 때는 결과를 미리 정해놓아야 한다.
매순간 투자의 결과를 생각하면 본전 생각이 나지 않는다.
그러면 쉽다.

당신이 사는 세상

●
.
.
.
.

★

철인은 수영 3.8km, 사이클 180km, 마라톤 42.195km를
완주해야 한다. 이 외에도 각 종목의 코스를 줄여서 슈퍼맨 코스,
하프 코스, 올림픽 코스 등이 있다.
나는 슈퍼맨 코스(수영 3km, 사이클 140km, 마라톤 30km)까지
해봤다.

얼마 전 지인들과 사이판 로타섬에서 열리는 대회에 참가했다.
올림픽 코스(수영 1.5km, 사이클 40km, 마라톤 10km)였다.
수영을 힘겹게 끝내고 사이클을 절반 타고 있을 때였다.
그때 누가 휙 앞질러 갔다.
올림픽 코스의 약 두 배 거리인 하프 코스에 도전한 일본인
선수였다. 나는 40km를, 그는 90km를 타야 한다.
그는 한 바퀴를 돌아서 나를 추월한 것이었다.

40km를 앞지르고 있었다.

그는 프로 선수였다.

일반인인 나와 역량 차이가 날 수밖에 없다.

그렇다고 해도 수영을 비슷하게 출발했는데 40km라니.

경기 하는 내내, 끝내고 나서도 생각했다.

같은 인간인데 어떻게 이렇게 차이가 날까?

나도 최선을 다하고 있었는데.

나와 그의 차이는 무엇일까?

첫 번째, 대회에 접근하는 태도가 다르다.

나에게는 그저 취미지만 그에게는 경기다.

두 번째, 그는 목적의식을 가지고 훈련한 사람이다.

수영은 얼마에 끊고, 사이클은 얼마에 끊고

마라톤은 얼마에 끊는다는 걸 결정하고 그걸 맞추기 위한

훈련을 한 사람이다. 반면 나는 컨디션을 조정해가면서

안전하게 완주나 하는 것을 목표로 움직이고 있었다.

세 번째, 그는 대회 경험이 엄청나게 많다.

경기가 진행됨에 따라 변화하는 자신의 몸 상태를 정확히 안다.

경기에 대한 통제력이 강하고 끝을 알고 뛰는 사람이다.

반면 나는 중간에 무슨 일이 나에게 일어날지 모른다.

너무 힘들면 그만두겠다는 마음도 있다.

네 번째, 그는 전문가의 코칭을 받았다.

나도 대회를 많이 나가본 선배들에게 배우긴 했어도

그건 전문가의 훈련과는 질적으로 다르다.

완주를 목표로 훈련한 사람과 우승을 목표로 뛰는 사람은 다르다.
다섯 번째, 그는 우승해본 경험이 있다.
우승할 때의 이미지를 갖고 있다.
반면 나는 혹시라도 뒤처져서 경찰들이 뒤에서 빵빵거리지 않을까
하는 불안감이 있다. 똑같은 종목으로 경쟁하지만
완전히 다른 경기를 하고 있는 것이다.

우리는 모두 2018년이라는 시간을 공유하고 있다.
그런데 과연 같은 세계에 살고 있는 것일까.
지구의 70억 인구는 모두 각자 나름의 세계에서 살고 있다.
세상을 바라보는 관점이 다르고, 경험하는 세계가 다르고,
삶에 대한 태도가 다르다. 같은 나이 같은 대학에 다니고 있어도,
같은 나이 같은 직장에 다니고 있어도 각자의 세계에서 살고 있다.
누군가는 자신의 잠재력을 최대한으로 발휘하는 무대로서의
세상을 살고 있고 누군가는 생존의 모퉁이를 찾아야 하는
세상에서 살고 있다.

지금 이 순간에도, 보통 사람들과 다른 목표치를 가지고
다른 마인드로 뛰고 있는 누군가가 있다.
목표의식 없이 그냥그냥 시간을 보내고 있는 사람들 눈에는
그들이 보이지 않는다.
시간을 흘려보내는 사람 주위에는 그런 사람들이 없기 때문이다.
있다고 해도 목표를 가진 사람은 목표를 가진 사람 눈에만 보인다.

짜고 깊다

●
·
·
·
·
★

수영.

바다 수영은 민물과 다르다. 짜고 깊고 껌껌하다.

짠물을 먹으면 민물을 먹었을 때와 완전히 다르다.

발이 닿지 않는 것은 같지만 2m와 10m는 완전히 다르다.

빛이 닿지 않는다는 차이밖에 없지만

보이는 것과 껌껌한 것은 완전히 다르다.

두려움이 깊이가 다르다.

처음 500m까지는 호흡이 안 터져서 굉장히 갑갑하다.

수트가 온몸을 조여온다.

'이걸 내가 과연 끝낼 수 있을까?'

아직 3.3km나 남았다. 그 지점에서 포기하는 사람도 꽤 있다.

계속 하다보면 호흡이 풀리면서 적응이 된다.

1km, 2km 넘어가면 여유가 생기면서 시원하고 즐겁다.

그러다가 주변이 조용해지는 순간이 있다.

파도에 밀려 엉뚱한 방향으로 가고 있는 것이다.

그러면 진짜 힘들다.

그래서 중간 중간에 부표를 확인하는 훈련을 한다.

장기적인 일을 할 때는 중간 목표가 중요하다.

그게 없으면 어디로 가는지 모른다.

사이클.

오르막에서 힘들다고 사이클을 끌고 가면

그 다음 오르막을 오르지 못한다.

오르막 다음은 내리막이 있다는 생각으로 즐길 수 있어야 한다.

내리막길을 좋아할 것도 아니다. 돌아올 때는 이 길이 오르막이다.

마라톤.

내가 마라톤을 시작할 때 이미 끝낸 사람이 있다.

부럽다. 너무 행복해 보인다. 세상 누구보다 부럽다.

사이클을 끝내고 나면 체력이라고는 남아 있지 않다.

그렇다고 처음부터 걸으면 끝이 보이지 않는다.

힘들더라도 뛰어야 한다.

편한 길은 얼마든지 있다.

누가 수영을 하고 자전거를 타고 뛰라고 하지 않았다.

스스로 선택한 '고난의 시간'이다.

그걸 이겨낸 사람만이 느낄 수 있는 기분이 있다.

안 해본 사람은 천 번을 설명해줘도 모른다.

보통 사람이 보기에 납득이 되지 않는 행동을 하는 사람이 있다.

수백억 원의 재산가가 전 재산을 투자해 새로운 사업에 도전한다.

이미 명성을 얻을 만큼 얻은 등반가가

목숨을 걸고 또 다른 산에 오른다.

"편안하게 살 수 있는데, 왜 위험한 도전을 계속 하는 거지?"

그들은 자신 삶 속에서 가능성을 확인해가는 중이다.

그래서 최선을 다해 고생길을 찾아낸다.

위험은 그들에게 도전할 만한 과제라는 표식이다.

위험하지 않다면 도전이 아니다.

스스로 큰 과제를 설정하고 그걸 성취하는 기분,
안 해본 사람은 만 번을 설명해줘도 모른다.

의지보다는 세팅

낯선 일, 해보지 않은 일을 하려고 하면 두렵다.

두려움을 안은 채 해보면 쉽지도 않다.

두려움과 어려움을 겪다보면 포기하게 된다.

대기업 기획실 직원이던 나는 하루아침에 기피 대상이 되었다.

몇 개월 동안은 직장과 암웨이 사업을 동시에 했다.

여전히 나는 대기업 사원이었지만
친구들은 나를 피하거나 무시했다.

그 당시 내 또래 친구들은 생필품의 소비자였지만
본인이 적극적인 구매자는 아니었다.
20대 남성 중 비누에 대한 취향이 있는 사람은 거의 없다.
집에 있는 것을 그냥 쓰거나 마트에서 아무거나 산다.
아직 건강하니 비타민보다는 술이다.
기존 환경 안에서는 소비자가 없었다.
사업은 매출이 있어야 한다. 소비자를 어떻게 만들까.
모르는 사람을 만날 방법을 궁리했다.

퇴근 후 화장품을 들고 강남역 근처의 커피숍 앞에 나갔다.
처음에는 우물쭈물 서 있었다.
주의 깊게 나를 보는 사람이 없는데도 엄청 부끄러웠다.
많은 사람이 지나간 후 겨우 용기를 내어서 말을 걸었다.
"화장품 새로 출시할 게 있는데 시장조사를 하러 나왔어요.
혹시 시간이 괜찮으시면 차 한잔 대접할 테니까
발라보시고 평가해주시면 고맙겠습니다."
진땀 나는 말을 몇 번이나 한 끝에 첫 번째 승낙을 받았다.
내가 계획한 것은 여기까지였다.

일단 커피숍에 앉기만 하면 소비자를 만들 수 있을 줄 알았다.
낯선 사람에게 말을 거는 것이 너무 두려워서 다른 생각은 못했다.

세 잔의 커피를 마셨지만 아무 성과가 없었다.

'이건 아닌 것 같다.'

암웨이에서 나오는 커피, 녹차에다 명함을 찍어서 식당에 갔다.

'지나가는 사람을 잡는 것보다 앉아 있는 사람이 쉽지 않을까.'

식당에서도 바로 본론을 꺼내지 못했다.

밥을 시켜 먹고 계산을 하면서 쭈뼛쭈뼛 말했다.

"사장님, 혹시 암웨이 써 보셨어요?"

순식간에 떨떠름한 표정이 되었다.

돈을 내고 밥을 먹은 사람에게. 밥을 사먹고 계산할 때

말을 꺼내려고 하면 재정이 거덜 난다.

그냥 말하자니 다들 바빴다.

앉아 있을 거라고 생각했는데 쉬면서 앉아 있는 사장님은 없었다.

식당은 아니다. 어떻게 할까 궁리, 궁리하다가 노래방이 떠올랐다.

'노래방 사장님은 대체로 카운터에 앉아 있다.

노래를 안 불러도 된다. 노래방이 좋겠다.'

커피와 녹차와 명함 세트 15개를 만들었다.

그리고 조심조심 노래방으로 들어갔다.

반복하면 뇌가 바뀐다

●
.
.
.
.

★

"몇 분이세요?"
"아니, 그게 아니라, 혹시 암웨이 써 보셨어요?"
반응은 역시 싸늘했다.
희한하게 자신감이 없으면 상대방이 먼저 눈치를 챈다.
그냥 던지고 오다시피 했다.
두 번째 노래방도, 세 번째 노래방도
열다섯 번째 노래방에 들어갈 때도 두려웠다.
모든 노래방에서 같은 패턴이었다.
소비자를 만들려고 간 건데 소비자는커녕 말도 몇 마디 못했다.

다음 날. 한 집 가고, 두 집 가고, 세 집 가고,
그 다음은 들어가기가 너무 힘들었다.
그들의 표정이 너무 무서웠다.
그래도 어떻게 하긴 했다.

사흘째.

두려움이 극에 달했다. 도망가고 싶었다.

두려운 것을 피하려는 회피본능이 나왔다.

'아, 진짜 못하겠다. 이거 한다고 잘될 것 같지도 않은데,

그만할까? 차라리 다른 곳을 뚫는 게 낫지 않을까.'

'그렇다고 이틀만 하고 그만둘 수는 없다.

나는 그런 사람이 아니다.'

생각과 생각이 싸우는 상황이었다. 그러다가 알게 되었다.

나는 내가 통제할 수 없는 것을 통제하려 하고 있었다.

'거절하면 어떡하지?'라는 두려움이었다.

내가 무슨 말을 하든 거절하는 건 상대방의 자유다.

상대방의 싸늘한 표정도 그 사람 자유다.

그때서야 포커스가 제대로 맞춰졌다. 나는 내 과제에만 집중했다.

'무조건 준비해간 15개를 다 없애고 집에 간다.'

오로지 15개에 집중했다.

두려운 과정이 아니라 15개를 '투척'하고 오는 데 집중했다.

소비자 만드는 것을 목표로 해봐야 잘 안 된다.

그건 내가 통제할 수 없다.

하지만 그 힘들고 두려운 곳으로 가는 것은 내가 통제할 수 있다.

대화도 아니고 방문 그 자체가 목표였다.

주말을 빼고 거의 매일 노래방에 갔다.

신사동, 강남구청, 학동역, 건대입구, 신촌 등

노래방이 많은 곳을 다녔다. 초반에는 15곳을 정확하게 지켰다.
하지만 2주 정도 지났을 때는 15개를 채우지 못했다.
시간이 모자랐다. 드디어 대화를 하게 된 것이다.
두려움이 없어지면서 당당하게 되었다.

"혼자 오셨어요?"
"네, 혼자 왔어요."
나중에는 노래방 사장님들의 파란만장한 인생 스토리를 듣고 있는
나를 발견했다. 초반에는 들어줄 여유가 없었다.
질문할 여유도 없었다. 반복을 통해 여유가 생기면서
들을 수 있었다. 반복하면서 나의 뇌가 바뀐 것이다.

석 달 동안 거의 매일 노래방에 다니면서
치약 몇 개 판 것이 매출의 전부다.
하지만 정말 중요한 세 가지를 얻었다.
첫 번째, 경청할 수 있는 귀가 생겼다.
대부분 말할 준비는 돼 있지만 들을 준비가 돼 있는 사람은 많지
않다. 들을 준비만 돼 있다면 어느 누구와도 대화할 수 있다.
두 번째, 내가 결정한 것을 할 수 있는 사람이 되었다.
어떤 도전도 내가 원하는 대로 쉽게, 쉽게 풀리지 않는다.
당연한 일인데도 감정은 그걸 받아들이지 못한다.
도망가고 싶어한다.
그럴 때 '나는 내가 결정한 걸 할 수 있는 사람'이라는
자기 인식은 문제를 이겨낼 힘을 준다.

그리고 세 번째, 회사를 그만둘 힘이 생겼다.

이 정도의 어려움을 이겨냈으니 회사를 그만둬도 잘할 수 있다,

하기 싫은 것을 할 수 있는 사람인가라는 테스트를 통과했다.

의욕은 많지만 막상 하면 도망가고 싶다.

도망가고 싶은 순간이 생긴다.

그리고 모든 일을 해나가며 하고 싶은 일만 할 수는 없다.

그걸 할 수 있는 근육이 단련되었다.

암웨이 사업은 누군가에게 제품을 팔거나,

아쉬운 소리를 하는 일이 아니다.

주위 친구나 가족들에게 정말 품질 좋은 생필품을 소개하고,

또 그들이 주위 사람들에게 잘 알릴 수 있도록 도와주어

좋은 제품을 쓰는 애용자 네트워크를 만드는 일이다.

하지만 처음 사업을 시작한 나는 열정이 넘쳤고

세상에 그냥 부딪쳐보기로 결정했었다.

무모한 도전 같았어도 돌이켜보니 그런 경험들이

나를 많이 성장시켰던 것 같다.

터닝포인트는 없다

한 사람이 평생을 사는 동안
인생을 바꿔줄 만한 자극을 몇 번이나 받을까.
그 자극이 계기가 되는 경우는 몇 번이나 될까.
그 계기가 결심으로 이어지고 끝내 변화를 이뤄내는 사람은
얼마나 될까. 결심을 성취하는 사람과

그렇지 못한 사람의 차이는 어디에 있을까.

사람마다 현재의 자신을 돌아보는 계기는 계속해서 생긴다.
그럴 때마다 누구보다 강한 의지로 누구보다 강한 성공에 대한
갈증을 느끼게 된다. 하지만 짧은 순간일 뿐이라는 게 문제다.
다시 익숙한 세계의 익숙한 자신으로 돌아가는 이유는
동일한 환경에서 동일한 시선으로 고민하기 때문이다.
그래서 원위치로 돌아가는 동일한 패배를 겪는다.
직장인의 고민은 직장인에게 물어봐야 해결책이 나오지 않는다.
취준생의 고민은 취준생에게 물어봐야 해결책이 나오지 않는다.
거기서 얻을 수 있는 것은 '너도 나와 별로 다르지 않구나'라는
위안뿐이다.

자극이 변화로 이어지려면 그 자극이 지속적으로 일어나는
환경에 있어야 한다. 그 환경 속에서 숙성이 되어야 한다.
일정 기간 숙성이 되어야 진정한 변화가 이루어진다.
한 번의 선택은 큰 결과를 불러오지 못한다.
하지만 그 행동이 다음 행동을 촉발할 수는 있다.
처음 내린 눈은 땅에 닿자마자 녹아버린다.
그런 시간이 지나면 쌓인다.
눈이 내리면서 땅의 온도를 떨어뜨리기 때문이다.
일단 불이 붙으면 스스로도 잘 탄다.
특정 시기가 아니라 일정 기간이다.
Turning Point가 아니라 Turning Period가 변화를 만들어낸다.

운동을 하려면 마찰과 저항보다 더 큰 힘이 필요하다.
지속적으로 운동을 하려면 마찰과 저항보다
더 큰 힘을 지속적으로 투입해야 한다.
마찰과 저항은 열을 발생시킨다.
뜨거워진다. 아직 충분하지 않다.
탈출 속도가 나올 때까지 더 큰 힘을 투입해야 한다.
드디어 중력을 벗어나 우주 궤도에 진입하면
힘을 투입하지 않아도 추락하지 않는다.
지금 우리 머리 위에 떠 있는 인공위성처럼.

책 한 권 읽는다고 인생이 바뀌지 않는다.
바뀐 느낌이 든다면 스스로를 속인 것이다.
운동 하루 한다고 인생 바뀌지 않는다.
책을 읽고, 운동을 하는 환경 속에서 숙성되어야
책 읽고 운동하는 것이 자연스러운 상태가 된다.
한 가지 더.
변화를 하려면 근본적인 자질이 필요하다.
진지함이다.
아무리 알려줘도 진지하게 받아들이지 않으면
'좋은 말이네' 하고 끝난다.

자는 사람은 깨워도 잠든 척하는 사람은 못 깨운다.

빨리 변화하는 방법

●
·
·
·
·

★

아는 사람이 페이스북에 올린 영상을 보았다.
해병대의 훈련과정이었다.
7주의 훈련과정이 끝나면 해병이 된다.
입대 전까지는 지각을 일삼던 사람들이,
축구 전반전만 뛰어도 헉헉거리던 사람들이 해병이 된다.
어떻게 7주 동안 민간인에서 군인으로 만들어지는 것일까.

'어제까지 술 먹고 늦잠 자던 민간인을
7주 만에 군인으로 만들 수 있을까?'
조교부터 교관까지 이런 의심을 한 사람은 단 한 명도 없을 것이다.
그들은 프로세스대로 7주간 훈련하면
해병이 된다는 것을 알고 있다.
입대자들도 내가 할 수 있을까 생각하지 않는다.

의심할 시간도 없다. 시키는 대로 따라하면 해병이 된다.
프로세스가 해병을 만든다.

훈련병들이 출퇴근하면서 교육을 받으면 어떻게 될까.
7주가 아니라 7개월이 걸려도 힘들 것이다.
9시부터 6시까지 훈련병이었다가 퇴근 후에는
귀한 아들, 선배, 친구로 돌아가면 훈련은 효과적이지 않다.
빠르게 변화하려면 기존 환경과 단절되어야 한다.
여태까지 내 의식을 만든 것은 환경이다.
기존의 환경에 있으면 새로운 의식을 이식받기 어렵다.

훈련소에 들어가면 훈련병이라는 새로운 정체성을 부여받는다.
다른 것은 일절 없다. 조교를 포함해 모두가 훈련병으로 대한다.
'서울대 다니다 온 훈련병' '어디 출신 훈련병' '잘생긴 훈련병'.
이런 거 없다. 그냥 훈련병이다.
입대 이전에 어떤 사람이었는지 묻지 않는다. 중요하지 않다.
주위를 봐도 모두 군인뿐이다. 그러니 군인이 되지 않을 수 없다.
만약 내가 '누가 우리 사업을 잘할 수 있을까요?'라고 묻는다면
많은 사람들이 '말을 잘하는 사람' '아는 사람이 많은 사람'
'용기 있는 사람' '빨리 성공하고 싶은 사람' 등의 답을 할 것이다.
내가 원하는 답은 아니다.
내가 생각하는 답은 '빨리 변화를 받아들이는 사람'이다.
변화에 성공하는 사람은 초기에 스스로를 철저히 고립시키는,
본인이 되고자 하는 환경에 본인을 맞추는 사람이다.

기존 환경에서 자기를 분리하는 사람이다.
빨리 변화하고 싶다면
빨리 변화할 수 있는 환경에 본인을 놓아야 한다.

한 달에 한두 시간 정도 외국어 공부를 한다면 평생이 걸려도
그 언어를 마스터하기 어렵다.
새로운 환경에 놓이면 거기서 하는 행동과 말이 곧 정체성이 된다.
사람들은 그렇게 인식한다.
술을 못 마신다고 하면 그런 줄 알 것이고,
담배를 안 피운다고 하면 그런 줄 알 것이다.
먼저 말을 걸면 사교성이 있는 사람인 줄 알 것이고,
적극적으로 참여하면 능동적인 사람인 줄 알 것이다.
그렇게 인식하는 환경이 그런 사람으로 만든다.

《소유의 종말》
-제레미 리프킨

내 사업을 하고 싶었다. 하지만 뭔가를 소유하고 누군가를 고용하는 전통적인 사업방식은 싫었다. 가볍고 싶었다. 내가 내 사업체에 종속되는 것이 싫었다. 부모님이 자영업을 하셨기 때문에 그 어려움을 간접적으로 알고 있었다.

자영업은 회사 생활과 마찬가지로 매일 출근해야 한다. 심지어 직원이 쉬는 날에도 사장은 일을 멈출 수 없다. 직원이 있더라도 매장에 사장이 있고 없고의 차이가 크다고 한다.

매장은 소유하거나 임대료를 내야 한다. 매출과 상관없이 매달 일정 금액의 비용이 발생된다.

근처에 같은 것을 파는 가게가 생기면 금방 매출이 떨어진다. 그걸 막을 방법이 없다. 옳고 그름의 문제는 아니다. 내가 원하지 않는 모습일 뿐이다.

소유의 시대가 가고 접속의 시대가 왔다고 했다. 소유하는 순간 경쟁력이 떨어진다고 했다. 뭔가를 소유하려고 하지 말고 가치 있는 것에 접속하라고 했다.

　나는 암웨이라는 비즈니스 네트워크에 접속했다. 누구에게도 고용되어 있지 않다. 누구도 고용하고 있지 않다. 매장도 없다. 내가 소유하거나 책임지고 있는 것은 아무것도 없다. 그래서 가볍고 경쾌하게 사업할 수 있다.

SUCCESS IS A
proper noun

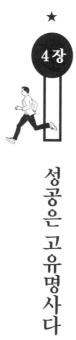

4 장

성공은 고유명사다

재미와 의미가 교차하는 지점

•
·
·
·
·

★

하버드대 3대 강의 중 하나로 꼽히는 탈 벤 샤하르의
행복에 관한 강의가 있다.
그는 인간은 행복을 추구하기 위해서 산다고 했다.
행복은 어디에 있는가. 재미와 의미가 교차하는 지점에 있다.
행복하려면 재미도 있어야 하고 의미도 있어야 한다.
어떤 일을 했을 때 어떤 결과가 정해져 있거나 확신이 있다면
의미를 찾을 수 있다. 그 의미는 내 가치관과 맞아야 한다.
성장에 가치를 둔다면 성장하는 일을, 돈에 가치를 둔다면
돈을 많이 버는 일을 하면 의미를 찾을 것이다.

행복하기 위해서는 공부를 해야 한다.
어떤 게 의미 있는 줄 알려면 공부가 필요하다.
재미는 예측할 수 없는 반전에서 온다.

너무 뻔한 일, 너무 쉬운 일을 하면 재미가 없다.
자기 눈높이보다 낮은 일을 하면 만족도도 떨어지고 재미가 없다.
자기 수준보다 조금 어려운 일을 시도할 때
도전 욕구도 생기고 재미도 붙는다.
또 이런 일을 해내면 자신에 대한 기대치도 높아진다.
스스로 자부심을 느끼게 되고 좀 더 어려운 일을
좀 더 잘하고 싶은 마음이 든다.

행복한 일을 하기 위해서는 그 일을 찾는 것이 중요하다.
그전에 자신이 누구인지 알아야 한다.
어떤 성격의 일에서 재미를 느끼는지,
어떤 것에 의미를 부여하는지 알아야 한다.
그 전에 세상에 어떤 일이 있는지 알아야 한다.
그중 하나를 선택해 해보면 재미없을 수도 있고 재미있을 수도
있다. 그렇게 재미와 의미가 교차하는 지점을 찾아나가야 한다.
의미는 있는데 재미가 없다면 도전을 더 해야 하는 거고,
재미는 있는데 의미가 없다면 생각을 더 해봐야 한다.
왜 이 일을 하고 있는 건지.

같은 변호사라도 어떤 변호사는 사람들을 법률적으로 돕는 것에
의미를 둘 수 있고, 어떤 변호사는 돈을 버는 것 외에
어떤 의미도 없을 수 있다.
사람이 느끼는 재미와 의미는 고정되어 있지 않다.
나의 위치가 바뀌면 재미와 의미의 위치도 바뀐다.

지속적으로 탐구하는 것이다.
늘 새로운 것을 시도할 수 있는 유연성이 필요하다.

행복은 움직여야 한다.
가만있는 사람에게 행복이 찾아가지 않는다.
움직이면서 찾아가는 것이다.
불행하다는 사람들은 움직이지 않는다.
앉아서 불평만 한다.
움직이다보면 과거에 내가 어디에 있었는지 알게 된다.

가장 빠른 차를 만드는 방법

●
·
·
·
·

★

회사를 그만둔 후 대출을 받으려고 은행에 간 적이 있다.
대출이 거부되었다.
범죄를 저지르지도 않았고 체납한 적도 없는데.
은행의 기준으로 보면 암웨이는 직장도 아니고
사업자등록증이 나오지도 않는다.
무직에 자산도 없는 사람에게 뭘 보고 대출을 해주겠는가.
은행을 나오면서 생각했다.
'우아! 이 성적을 오십대에 받았으면 큰일 날 뻔했다.'

학교를 졸업하면 성적표를 받지 않는다. 그래서 긴장하지 않는다.
그러다가 50대에 회사를 나와서 대출을 받으러 가면
재무 성적표를 받는다. 자신의 재무 성적을 가장 간편하게
알아볼 수 있는 방법이 은행에 대출을 신청해보는 것이다.

재무 성적표는 쉽다.

인생의 성적을 알아보려면 어떻게 해야 할까.

어렵다. 그래서 변화하기 어렵다.

나를 평가할 수 있는 환경을 찾아야 한다.

정확히 어떤 상태에 있는지 알 수 있는 곳을 찾아야 한다.

직장인은 직장 내에서는 알기 어렵다.

'당신의 인생 성적표는 지금 몇 점인가.'

사람은 자기 몸에 대한 성적도 모른다.

키, 몸무게, 허리둘레, 발 크기, 혈압 수치 등이

내 몸에 대해서 알고 있는 거의 전부다.

수치화 할 수 있는 게 없다. 당신의 건강은 몇 점인가.

재정은 몇 점인가. 가능성은 몇 점인가.

가장 빠른 차를 만들려면 강력한 성능의 엔진이 필요하다.

물론 버텨낼 프레임과 타이어도 필요하다.

좋은 연료도 필요하다.

하지만 그 모든 것 이전에 속도계가 있어야 한다.

그래야 '가장 빠른 차'의 기준을 정의할 수 있다.

Position이 아니라 Role이다

엄마가 초등학생 자녀에게 꿈이 뭐냐고 물었다.

"청소부요."

뜨악했다.

초등학생들의 꿈은 자고 일어나면 바뀌기도 한다.

그래서 실망한 표정을 애써 숨겼다.

아이는 엄마의 실망한 표정을 읽었을 것이다.

그 엄마는 정말 중요한 것을 묻지 않았다.

'어떤 청소부가 될 건데?'

엄마가 떠올린 청소부는

새벽에 쓰레기를 치우는 사람이었을 것이다.

필요한 일이고 중요한 일이다.

하지만 아이가 생각한 청소부는 그게 아니었다.

텔레비전에서 바다 오염의 심각성을 말하는 것을 들었다.

아이에게 더러운 것을 제거하는 사람은 청소부였다.

해양생물학자가 될 수 있다.

화학공학자가 될 수 있다.

환경운동가가 될 수 있다.

정치인이 될 수 있다.

가끔 암웨이를 시작한 지 얼마 안 된 사람이

어떻게 하면 다이아몬드가 될 수 있느냐고,

그러면 연봉은 얼마나 되느냐고 묻는다.

나는 사업을 시작하면 다이아몬드는 무조건 된다고 생각했다.

올바른 철학을 가진 회사의
올바른 제품과 기회를 제대로 된 방법으로 알린다면
안 되는 게 이상한 일이라고 생각했다.
그래서 나에게는 다이아몬드가 될 수 있으냐 없느냐의 문제보다
어떤 다이아몬드가 될 것인가가 더 중요했다.
암웨이 사업은 수단이다. 그것을 통해 무엇을 할 것인가.
어떤 삶을 살 것인가가 중요한 포인트다.
나는 다른 사람들에게 선한 영향력을 미치는 사람이 되고 싶다.

리더는 Position이 아니라 Role이다.
하는 일의 크고 작음을 떠나서 자기만의 유니크한 역할을 찾고
그것이 누군가에게 도움이 된다면
나는 누구나 리더십을 발휘할 수 있다고 생각한다.

교사는 수단이다.
의사는 수단이다.
공무원은 수단이다.
그 수단으로 무엇을 할 것인가가 더 중요하다.

그 일을 하는 이유가 단순히
개인의 안정과 금전적인 보상뿐이라면
학생과 환자, 그리고 본인에게도 불행한 일일 것이다.

돈으로부터 자유로워진다는 것

●
·
·
·
·

★

70대 노인에게도, 20대 청년에게도 돈은 최고의 화두다.
취준생은 생각한다.
취업만 되면 구질구질한 돈 걱정에서 벗어날 수 있지 않을까.
대기업에 다니는 친구들이 있다. 과장이나 부장 정도의 직급이다.
그들도 경제적으로 여유가 없다고 말한다.

자영업자의 돈 걱정은 직장인에 비할 바가 아니다.
여전히 돈 걱정을 하는 70대 노인도 한때는 일을 했었다.
돈이 얼마나 있으면 이 화두를 내려놓을 수 있을까. 10억? 20억?

사업 초기였다. 마음에 드는 청바지를 발견했다. 8만 원짜리였다.
입맛만 다시고 돌아섰다. 수입이 증가할수록 지출도 커진다.
통장에 수십억 원이 있다고 해도 돈으로부터 자유롭지 못하다.

집을 사고 차를 사고 나머지 돈으로 평생 살아야 한다면
잔고를 걱정하지 않을 수 없다.
돈의 액수가 돈으로부터의 자유를 주는 건 아닌 것 같다.

매달 3,000만 원을 버는 의사가 있다.

20년 동안 그 정도 액수를 벌었다.

어느 날 병이 나서 일을 못하게 되었다.

혹은 환자를 상대하는 일이 너무나 싫어졌다.

더 이상 일을 하지 않을 때 이 의사는 얼마나 버틸 수 있을까.

사람들의 소비습관은 좀처럼 바뀌지 않는다.

일을 그만두면 3개월도 지나지 않아

생활을 유지할 수가 없게 된다.

그래서 환자를 상대하기 싫어도 계속 진료를 해야 한다.

한 달에 300만 원으로 생활하는 사람이 있다.

의사의 10분의 1밖에 안 된다.

그런데 이 돈이 일을 하지 않아도 평생 나오는 돈이라면 어떨까.

그냥 놀 수도 있고 돈이 되든 안 되든 그 예산 안에서

하고 싶은 일을 하면서 살 수 있다.

로버트 기요사키는 부의 크기는 하고 싶지 않은 일을 하지 않고도

버틸 수 있는 날의 수라고 했다.

나는 로버트 기요사키가 말한 부의 개념에 동의한다.

결국 돈이라는 것은 시간이다.

돈을 많이 벌더라도 싫은 일을 하고 있는 사람은 부자가 아니다.

내 시간을 내가 원하는 방식으로, 원하는 사람들과 보내고 있다면

그 사람이 바로 부자라고 생각한다.

이 개념에 따르면, 나는 비교적 젊은 나이에 돈으로부터의 자유를

쟁취했다. 완벽한 자유를 얻었다고는 못하겠다.
하지만 평일에 일본에 가서 내가 좋아하는 공간에서
시간을 보내도 불안하지 않다.
1년 만에 온 휴가처럼 아쉽지 않다.
돌아가서 맞닥뜨려야 할 업무에 대한 걱정이 없다.
직장상사와의 갈등도 없고 내가 고용한 사람이 없으니
직원들 문제에 대한 두려움도 없다.

곧 마흔이 된다. 마흔에 대한 착각이 있었다.
모든 것에 심드렁한 아저씨일 줄 알았다.
그런데 마음은 여전히 젊다.
아직 놀고 싶은 게 많고 보고 싶은 게 많다.
만나고 싶은 사람도 많다.
뭔가 방법을 찾지 않으면 50세가 되어서도,
60세가 되어서도 하고 싶지 않은 일을 하면서 살아야 한다.

하고 싶지 않은 일을 한다는 것은
곧 하고 싶은 일을 못한다는 뜻이다.
시간과 에너지는 한정되어 있다.
시간과 에너지를 돈 버는 데만 써야 한다면
하고 싶은 일에 쓸 시간과 에너지가 없다.
돈이 인생의 전부는 아니다.
하지만 생계 문제를 해결하기 전까지 돈이 인생의 전부다.

수입의 양보다 질

★

공부를 열심히 해야 한다는 말을 들었다.
좋은 대학에 가야 한다는 말을 들었다.
좋은 직장에 가야 한다는 말을 들었다.
전문직을 가져야 한다는 말을 들었다.
하지만 자산을 만들어야 한다는 말은 듣지 못했다.

스무 살이 넘을 때까지 그 이야기를 해준 사람은 아무도 없었다.
자산은 돈의 액수를 말하는 게 아니다.
내게 지속적으로 수입을 만들어줄 수 있는 수입원을 말한다.
저작권료, 임대료 등의 권리수입이 그것이다.
본인 자신이 수입원이 되면 돈으로부터 자유롭지 못하다.
일하는 순간에는 시간이 없고, 일을 하지 않아서 시간이 많으면
돈이 없다. 3,000만 원씩 번다고 해도 다르지 않다.

자산을 만들고 그것이 나에게 돈을 주는 방법을 찾아야 한다.
부모님으로부터 월세 잘 나오는 건물을 물려받거나 장기투자할
수 있는 종잣돈을 받았다면 남들보다 쉬울 수 있다.
하지만 평범하게 태어나 월급 몇 백 받으면서 권리수입이 나오는
자산을 만들기는 어렵다.

책을 쓰거나 작곡을 하거나 특허를 내거나 하는 기술이 없다면,
적은 자본으로 할 수 있는 일이 별로 없다.
그리고 가치 있는 것을 만들어내려면 시간이 확보되어야 한다.
직장인은 시간이 없다.
돈도 없다.
자신만의 콘텐츠를 가지기 어렵다.
자주 만나는 사람 중에 그 답을 갖고 있는 사람은 없다.
있다면 벌써 시도했겠지. 당장은 수단이 보이지 않는다.
하지만 10년이 걸리든 20년이 걸리든 방법을 강구해야 한다.
내 제안은 자신과 같은 욕구를 가진 사람을 만나는 것이다.
내가 가진 시간이 2시간이라면 5명이 모이면 10시간이 된다.
혼자서 조물조물 해봐야 뭐가 나오기 어렵다.
연대할 수 있는 일을 해야 한다. 퇴근하고 알바하는 것으로는
근본적인 변화를 일으키지 못한다.
주식이든 부동산이든 사업이든, 돈의 속박에서 벗어날 방법을
탐구해야 한다.

시간부자

●
.
.
.
.

★

"시간이 좀 많았으면 좋겠다."
특히 직장인들이 많이 하는 말이다.
시간이 많은 느낌을 나는 안다.
사람들은 시간이 많으면 해피할 것 같다고 하는데
절대 모르는 말씀이다.

암웨이 전업을 선언하고 다니던 회사를 그만두고 나니까
아침부터 저녁까지 시간이 너무 많았다.
유치원부터 대학까지 하루의 대부분을
남이 짜준 시간표대로 살았다.
회사에서는 늘 할 일이 '주어져' 있었다.
먹고 자고 씻는 시간을 빼면 내 결정에 따라 사용한 시간은
얼마 되지 않는다.

내가 할 일을 내가 다 결정하고 만들어야 하는 상황.
처음 맞이하는 많은 시간의 느낌은 두려움이었다.
하루를 설계했다.
운동, 중국어 수업, 전화 돌리기, 독서 등등의
프로세스를 만들었다.
촘촘한 시간표대로 움직였다.
시간이 많이 주어졌을 때보다 더 자유롭다고 느꼈다.
시간이 많은 사람이 아니라 시간을 주도적으로 쓸 수 있는 사람이
자유로운 거라는 걸 알게 되었다.

직장인은 직장에 있는 동안 늘 바쁘다.
상사 몰래 홈쇼핑을 해도, 뉴스를 봐도,
외근 중 농땡이를 쳐도 늘 바쁘다.
자기 시간이 아니기 때문이다.
언제 어떤 일이 일어날지 컨트롤 할 수 없다.
언제 상사의 호출이 있을지 모른다.
퇴근 10분 전에라도 업무를 받을 수 있다.
야근을 해야 한다. 약속이 있었다면 취소해야 한다.
계속 대기 상태다. 내가 통제하고 있지 않으면 늘 '바쁨'이다.

칼퇴근을 하고 그때부터 마음대로 할 수 있다고 시간으로부터
자유로운 것은 아니다. 맥주 한 잔, 미드 시청, 게임 등을 마음껏
할 수 있다고 자유로운 것은 아니다.
그냥 시간을 흘려보내고 있을 뿐이다.

바빴던 하루에 대한 보상으로.

퇴근 후 '노래방을 뛸 때'를 떠올려보면
나는 시간으로부터 자유로웠다.
나만의 프로젝트를 하고 있었기 때문이다.
직장인이 자유로워지려면 자기 프로젝트를 해야 한다.
주어진 것이 아닌 주도적으로 결정한 어떤 프로젝트를 시작하고
그 시간에 집중할 때 시간으로부터 자유로워진다.

24시간을 마음대로 쓸 수 있는 백수를
'시간으로부터 자유로운 사람'이라고 하지 않는다.
그는 넘쳐나는 시간에 치이고 있는 상태다.
분단위로 일정을 짜는 CEO는 바쁜 상태가 아니다.
그는 자기 시간을 경영하고 있는 것이다.

이 좋은 기분은 무엇이 만들어냈을까

●
.
.
.
.

★

평일 오전 11시.
다이칸야마의 츠타야 스타벅스에서 책을 읽는다.
'아, 참 좋다.'
자유의 느낌이 들었다. 무엇이 이 기분을 만들어냈을까?

시간이 많으면 자유로운 것일까.
호주에서 한 실험이 있었다.
외딴 기차역으로 출근해 하루에 한두 번 차가 지나갈 때
철도의 건널목을 열어주는 게 업무의 전부다.
하루 종일 혼자다.
기차는 그냥 지나가고 자동차도 그냥 지나간다.
그 일을 석 달 버틴 사람이 없다고 한다.

시간이 많다고 자유로운 것은 아니다.

그 시간을 무엇으로 채우고 있느냐가 문제다.

현대인들은 '바쁘다, 시간이 없다'라는 말을 입에 달고 산다.

시간이 있다는 사람도, 없다는 사람도 하루 24시간이다.

평일에 출근하지 않는다.

출근하지 않는다는 것은 돈이 필요 없는 사람이 아니라

다른 방식으로 돈을 벌고 있다는 것이다.

내가 수입원이 아니라는 의미다.

나는 여행을 가서 그냥 시간을 보내지 않는다.

독서를 하고 생각을 한다.

그게 내 비즈니스에 도움이 된다.

평일의 여행도 내게는 생산 활동이다.

그래서 나는 그 삶을 즐길 수 있다.

이 여행에서 돌아가면 다시 하고 싶지 않을 일을 해야 한다면

나는 자유를 느끼지 못할 것이다.

요즘 일과 삶의 균형을 뜻하는 '워라밸'이라는 말이 자주 들린다.

과중한 업무, 야근 그리고 원치 않는 회식.

퇴근하면 지쳐 쓰러지는 삶보다는 워라밸이 훨씬 좋다.

하지만 일할 때는 놀고 싶고, 놀 때는 일 걱정을 하는 애매한

상황이 계속된다면 그리 행복하지는 않을 거 같다.

일하는 시간을 인생에서 제외하는 것은 비극이다.

인생의 3분의 1을 제외하는 것이니까.

최선의 방법은 일과 놀이가 구별되지 않는 상태다.

일이 삶의 일부이자 놀이가 되는 것이다.

그런 삶의 형태가 가능할까.

나는 몇 달 전 일본, 케냐, 카자흐스탄 세 나라를 다녀왔다.

친구들이 묻는다.

"출장이야? 아니면 여행이야?"

나에게는 어려운 질문이다. 출장일 수도 있고 여행일 수도 있다.

그 둘이 연속선상에 있기 때문에 출장여행이라고 불러야 할지도

모르겠다. 어디에서 어떤 시간을 보내든

나에게 그 시간은 일이자 놀이다.

내 인생에서 제외시키는 시간은 없다.

24시간을 온전히 내 인생으로 사는 것은 가능하다.

아직 방법을 찾지 못했거나 찾으려 하지 않았을 뿐이다.

시간이 많고 적음이 중요한 것이 아니라

내가 얼마나 주도적으로 시간을 사용할 수 있느냐가 관건이다.

시간의 자유는 나의 선택권이 결정한다.

신용으로 살 것인가 신뢰로 살 것인가

●
.
.
.
.

★

"신용과 신뢰의 차이가 뭔지 알아?"
미국 변호사를 그만두고 영어와 일본어를 가르치고 있는 선배가
한 질문이다. 생각해본 적 없던, 재미있는 질문이었다.
그가 설명하는 Credit와 Trust의 차이는 이랬다.

신용은 금융사가 나를 판단하는 기준이다.
이때 나에 대한 정보는 거래의 대상이다.
이자수익을 가져다줄 것인가, 떼먹지 않을 것인가가 중요하다.
신용은 담보가 있어야 한다.
직장이든 재산이든 담보로 제공할 무엇이 없다면
아무것도 아니다.
금융사는 나의 신용정보를 파악할 뿐 신뢰하지는 않는다.
그래서 신용정보는 있어도 신뢰정보는 없다.

신용카드는 있어도 신뢰카드는 없다.

신용이 조건인데 반해 신뢰는 존재의 진정성이다.
신용등급은 하루아침에 올라갈 수 있지만 '신뢰의 등급'은
하루 이틀에 형성되지 않는다. 오래도록 보여준 모습이 기준이다.
신뢰가 형성되어 있다면 조건은 중요하지 않다.
신용이 있으면 고객님이 되고 신뢰가 있으면
상대방에게 의미 있는 존재가 되었다는 뜻이다.

영국 펍에서 일할 때,
나는 사장에게 제공할 수 있는 신용이 없었다.
내가 할 수 있는 것은 벽돌을 쌓듯이 신뢰를 쌓아나가는 일이었다.
늘 10분 전에 가서 기다렸고 근무시간 동안 앉지 않았다.
그 신뢰의 벽돌이 쌓여 나는 사장에게 'good boy'가 될 수 있었다.
신뢰는 남이 나에게 주는 것이지만 시작은 내가 하는 것이다.

신용등급이 낮은 것보다 높은 것이 좋긴 하다.

하지만 그것은 인생의 차원에서 보면 사소하고,

그것을 중요하게 여기는 것은 슬픈 일이다.

거래의 대상이 되는 것이니까.

나보다 조건이 좋은 사람은 늘 있으니까.

어제 태어난 재벌가의 자녀보다 내 신용등급이 낮을 수 있으니까.

무엇을 가질 것인가는 그렇게 중요하지 않다.

어떤 존재가 될 것인가가 중요하다.

신뢰감을 주는 존재가 되어야 누군가에게 좋은 영향을 줄 수 있다.

얼마 전 대구에 사는 친구에게 카톡이 왔다.

자기에게 암웨이 사업을 소개하러 온 지인이 있었다고 했다.

"김민기! 너 완전 전설이네.

너 아냐고 물어보니 완전 유명하다던데."

그러면서 자기 지인을 꼭 한 번 만나달라고 부탁했다.

친구들은 과거에 자신들이 한 말을 기억하지 못한다.

혹은 그 의미를 다르게 해석한다. 나는 원칙을 지켜가면서,

13년 전 친구들에게 설명했던 사업 그대로를 하고 있다.

이제는 '완전 전설'이 되었다. 친구들은 자신의 기억을 바꿨다.

"너는 될 줄 알았어."

신뢰는 원칙을 지키는 시간들을 쌓아가는 것이다.

자기 자리를 지키는 날들을 쌓아가는 것이다.

내가 암웨이 사업을 중도에 포기했다면,

나에 대한 친구들의 인식은 변하지 않았을 것이다.
어떤 자리에서 어떤 일을 하든 원칙을 지키면서
그 자리를 지키면 사람들의 인식이 변한다.
그 자리에서 어떤 존재가 되면 그것이 곧 '신뢰등급'이 된다.
이 등급이 높은 사람일수록 영향력의 범위가 넓다.
돈을 많이 버는 것보다 자신만의 세계를 구축한 존재가 되는 것이
더 중요하다. 소유보다는 존재다.

성공은 고유명사다

★

"어떻게 하면 성공할 수 있습니까?"
이 질문이 성립하려면 그 앞에 한 문장을 덧붙여야 한다.
'이러이러한 삶을 사는 것이 나의 성공입니다.'
성공을 하려면 먼저 자신의 성공을 정의할 수 있어야 한다.
성공에 대한 정의를 하지 않으면 이런 이상한 대화가 된다.
"몇 번 버스를 타야 합니까?"
"어디로 가시는데요?"
"모릅니다."

성공의 정의는 자신이 원하는 삶을 그리는 것이다.
이때 현재의 상황에서 출발하면 안 된다.
성공은 현재의 조건을 따지지 않고 원하는 것 그대로 그려야 한다.
미래에서 현재로 선을 그어야지

현재에서 미래로 그어서는 안 된다.
현재의 조건을 따져가면서 그리면
'그렇게 간절하게 원하는 성공'의 모습이 나오지 않는다.
고만고만한 성공이다.
현재의 상황과 처지는 자신의 성공을 정의한 후 해야 할 액션을
계획할 때 따져야 한다. 방법을 생각하고 꿈을 꾸는 게 아니라
꿈을 꾸고 방법을 생각하는 것이 올바른 순서다.
방법을 모르는 것은 당연하다.

나의 성공 조건은 이렇다.
첫 번째, 내게 주어진 가능성을 극대화 시키는 삶.
가능성을 최대한으로 실현하는 게 성공이다.
그래서 나에게 도전 과제를 계속 주어야 한다.
두 번째, 자기결정권으로 사는 것이다.
누구의 명령대로, 지시대로 하는 게 아니라
매순간 선택권을 가질 수 있는 삶이다.
돈을 많이 못 벌더라도 생각한 대로,
자기 자신으로 살 수 있다면 그것은 나에게 성공이다.
세 번째, 누군가에게 긍정적인 영향을 미칠 수 있는 삶이다.
사람은 매순간 영향을 주거나 혹은 받고 있다.
한 번 사는 인생, 어떤 위대한 위인이나 대단한 사람이
되자는 것이 아니라 나를 통해 주위 사람들의 기분이 좋아지고,
생활이 유쾌해질 수 있고 더 나아가 희망을 가질 수 있다면
그건 참 의미 있는 삶이 될 것이다.

성공의 정의는 계속 달라질 수 있다.

20대 때 나의 성공은 직장인에서 탈피하는 것이었다.

성장은 성공을 추구하는 과정에서 자연스럽게 따라오는 것이다.

성공을 위해 필요한 것이 성장이다.

대기업에 들어가면 성공일까? 공기업에 들어가면 성공일까?

판검사, 의사가 되면 성공일까?

그럴 수도 있고 아닐 수도 있다.

사회가 이야기하는 성공에 현혹되지 말아야 한다.

사회가 말하는 성공, 다수가 합의한 성공은 존재하지 않는다.

나의 성공은 내가 정하는 것이다.

그 사람은 이미 알고 있다

●
.
.
.
.

★

암웨이 사업 덕분에 세계 여러 나라에 갈 수 있었다.
약 30개국 정도. 일본에는 54회 갔다.
츠타야 서점처럼 반복적으로 가는 장소가 있긴 하다.
하지만 쉰다섯 번째 일본 여행은 새로웠다.
여행사에서 제공하는 패키지 여행을 갔다면 그럴 수 없다.
인터넷에 나와 있는 유명한 곳을 찾아다닌다고 해도 한계는 있다.

내가 매번 새로운 일본을 만날 수 있었던 것은
일본에서 암웨이 사업으로 성공한 리더가 있기 때문이다.
그는 내가 일본에 갈 때마다 매번 다른 스케줄과
다양한 식당으로 나를 초대한다.
나 역시 그분이 한국에 오면 새로운 여행을 대접하려고 노력한다.

그분 덕분에 스모 경기를 본 적도 있다.

스모 경기는 일본인들도 직접 관람하기 어렵다고 한다.

시즌이 시작되면 기업들이 접대용으로 티켓을 쓸어간다고 한다.

4명이 앉아서 6시간 동안 밥도 먹고 술도 마시면서 경기를 봤다.

아는 분이 없었다면 도저히 할 수 없는 경험이었다.

해외 여행이든 국내 여행이든 가장 재밌는 여행을 하는 방법은

현지 친구들의 안내를 받는 것이다.

책도, 인터넷도 한계가 있다.

하지만 친구가 '보여주고 싶은 여행'은 완전히 다르다.

맛집도 다르지 않다.

내 식성을 아는 식도락가 친구가 있다면 식당을 찾아 헤맬 필요도,

주문을 해놓고 불안해할 필요도 없다.

여행과 맛집만이 아니다.

우리가 선택을 할 때, 제대로 된 정보를 아는 사람에게

도움을 구하면 선택이 달라진다. 그러면 경험이 달라진다.

경험이 달라지면 인생이 달라진다.

나와 다른 환경에 있는 사람들이 나에게 주지 않으면

절대로 알 수 없는 정보들이 있다.

내가 처음 사업을 시작할 때 사람들이 말했다.

"암웨이 하지 마. 친구들 다 잃어."

사람들 말대로 '친구'라고 부르던 사람들을 잃었다.

또래들과 다른 행동을 하면 서로 공감할 수 있는 부분이
점점 줄어든다. 젊을 때는 또래 집단으로부터 멀어지는 것에
대한 두려움이 있다. 하지만 다른 곳으로 이동하면 거기에
또 다른 멋진 친구가 기다리고 있다.
그 멋진 친구를 만날 기회를 놓치고 있다면, 엄청난 손해다.
지금 친구를 잃을까봐 두려워하다가 진짜 나를 이끌어주고
멋진 경험을 하게 해줄 친구를 만나지 못할 수도 있다.
나는 친구를 잃지 않았다. 친구가 바뀌었을 뿐이다.

가장 최근에 갔던 여행을 떠올려보라.
인터넷이나 방송에 나온 맛집을 찾아갔을 가능성이 높다.
그 지역에서 유명한 관광지에 갔을 가능성이 높다.
그러나 그 식당과 장소는 최적이었을까.
그 지역을 잘 아는 친구가 있었다면 어땠을까.

지금 하고 있는 일은 최적일까? 최선일까?
누가 알려주기 전까지는 알 수 없다.
마치 그 지역 사람들만 아는 기막힌 식당처럼
내가 원하는 뭔가를 이미 알고 있는 사람이 있다.
정보와 경험은 사람으로부터 온다.
그래서 오픈마인드와 커뮤니케이션 능력이 중요하다.

나카지마 가오루 리더의 생일파티에 초대받았다. 노래 부르는 사람은 리처드
막스, 반주는 케니지. 홍콩에서 열린 파티의 초대 가수는 보이스 투 맨이었다.
내 노력으로 경험할 수 있는 것이 아니었다. 그 사람이 가진 환경에 초대받았기
때문에 그들과 한자리에 있을 수 있었다. 그와 친구가 되었기 때문에 그 유명한
음악가들을 만날 수 있었다.

인생의 교차로에는
늘 낯선 사람이 있다

●
.
.
.
.

★

인도네시아인 라이언은 호텔의 버틀러(집사)였다.
버틀러는 손님이 깨기 전에 일어나 잠든 후에 잠을 잔다.
손님이 언제 부를지 모르기 때문에
항상 대기하고 있어야 하는 일이다.
외국인도 많이 만나고 팁도 생기는 일이다.
'나름 만족하는' 직업을 갖고 있다고 생각했다.

어느 날, 그가 일하는 호텔에 한국 사람들이 왔다.
그는 프레지던트 스위트룸에 묵은 VIP를 모셨다.
그런데 VIP의 일행 중 하나가 자신들의 비즈니스 미팅에
라이언을 초대했다. 라이언은 무슨 비즈니스인지 몰랐지만
지배인이 허락해준다면 가보고 싶었다.

스위트룸에 묵는 사람들이 무슨 비즈니스를 하는지 궁금했다.

지배인의 허락은 VIP가 받아주었다.

미팅 장소에는 많은 사람들이 있었다.

여러 사람들이 나와서 강연을 했다.

많은 이야기들이 나왔지만 라이언의 머리에는 오로지

철인3종 경기만이 남아 있었다.

어떻게 하는지도 몰랐지만 도전해보고 싶었다.

그래서 물었다.

"나도 할 수 있나요? 수영도 못하는데…"

VIP와 일행들은 얼마든지 할 수 있다고 했다.

라이언은 호텔을 그만두었다.

지금은 인도네시아 암웨이의 대표 선수다.

VIP는 김일두 리더였고

일행 중에는 나와 아내가 포함되어 있었다.

라이언은 호텔을 그만두고 암웨이 사업을 시작했다.

철인3종 경기 선수이기도 하다.

라이언은 아직 부자가 아니다.

하지만 그건 그렇게 중요하지 않다.

그가 변화했다는 게 중요하다.

자신감에 빛나는 그의 눈빛이 포인트다.

누군가의 부름을 기다리는 사람에서 도전하는 사람이 되었다.

라이언은 김일두 리더와 나를 통해 암웨이 사업과

철인3종 경기를 알게 되었다.

낯선 사람들에게 낯선 세계를 소개받은 것이다.

물론 '싫어요. 그냥 호텔에 있을래요'라고 말할 수도 있었다.

지배인이 허락해준다면 가보고 싶다고 한 것은 그의 선택이다.

하지만 선택의 여지는 낯선 사람들이 제공해준 것이다.

인생이 변화하는 교차로에는 늘 낯선 사람이 있다.

'나름 만족하면서 살고 있어'라면서 직진을 할 수 있다.

하지만 좌회전을 할 수도 있다.

그러면 육지를 배회하던 거북이처럼 바다를 만날 수도 있다.

자신의 재능이 극대화되는 환경을 만날 수도 있다.

'나름' 만족하는 것으로는 부족하다. '완전' 만족해야 한다.

나는 그런 삶을 살고 싶다.

그리고 다른 사람도 그런 삶을 살 수 있도록 돕고 싶다.

전 인도네시아 암웨이 사장, 라이언, 김일두 리더

《부자 아빠 가난한 아빠》

-로버트 기요사키

사람들이 많이 읽은 책이다. 제목에 '부자'라는 단어가 들어 있어서 책에 대한 첫인상은 좋지 않았다. 하지만 책을 읽으면서 이때까지 들어본 적이 없는 얘기를 들었다. 로버트 기요사키는 '부'라는 것은 내가 돈을 얼마나 많이 버느냐가 아니라 하기 싫은 일을 하지 않고 버틸 수 있는 날의 수라고 했다. 부의 개념이 시간으로 바뀐 것이다. 일을 하지 않아도 지속적으로 수입이 생겨야 안정감이 있지 그렇지 않으면 아무리 많이 벌어도 불안정하다고 했다. 돈은 시간이구나, 어떻게든 오래 돈이 나오도록 만들어야겠구나 생각했다.

또 로버트 기요사키는 부자가 되기 위해서는 단순히 재정적으로 풍족해지는 것이 아니라 신체적, 정신적, 감정적, 영적 변화가 필요하다고 했다. 거절을 처리하는 법, 다른 사람의 의견으로부터 영향 받지 않는 법, 사람들을 리드할 수 있는 법을 배워야 한다고 했다. 나는 성장하고 싶고 배우고 싶었다. 새로운 자극이 필요했다.

직장 생활은 현재는 있지만 미래는 없었다. 동료는 있지만 친구는 없었다. 상사는 있지만 스승은 없었다. 부자가 된다는 것은 끊임없이 내가 배울 수 있는 환경을 찾아 내가 변화해야 한다는 것을 의미했다. 나는 변화할 수 있는 환경과 수단, 배울 수 있는 스승이 필요하다는 것을 깨달았다. 나에게 암웨이 사업은 돈 버는 일이 아니라 인생 학교였다.

ACTION IS REQUIRED
for Re-Action

5장

액션이 있어야 리액션이 있다

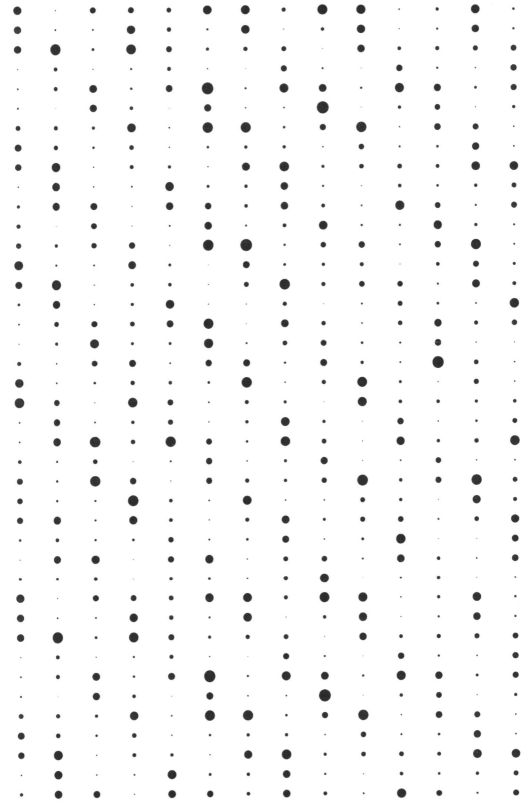

저지르면 배운다

●
.
.
.
.

★

영국에 있을 때 2002년 한일 월드컵이 열렸다.
영국 친구가 월드컵으로 돈을 벌어보자는 제안을 했다.
논리는 간단하고 설득력 있었다.
'한국에서 월드컵이 열린다, 영국 사람들은 축구에 미쳐 있다,
월드컵이 열리는 나라의 물건에도 관심을 가질 것이다.
영국 사람들에게 우리나라 물건을 팔자.'

우리는 PC방으로 가서 월드컵이 열리는 도시의 시장들에게
메일을 보냈다.
'우리는 한국 유학생이다.
조국에서 월드컵이 열리는데 한국인으로서 가만있을 수 없다.
공부하느라 바쁘지만 한국을 많이 알리도록 하겠다.
그런데 한국을 알릴 아이템들이 필요하다.

모자나 티셔츠 등을 보내주면 우리가 많이 홍보하겠다.'

우리는 그걸 팔 생각이었다.
완전 설득력 있다고 생각했는데 어떤 도시의 시장도
답을 주지 않았다.
'시장이 바빠 죽겠는데 한낱 유학생에게 답을 해줄까'라고
뒤늦게 자각했다. 편법이고 치기 어린 생각이었다.
그런데 일주일이 지났을 때 서울시에서 연락이 왔다.
편지는 '서울시 고건 시장입니다'라는 문장으로 시작하고 있었다.
'바쁜 유학생활에도 불구하고 한국을 알리기 위해 노력하는 귀하의
노력을 치하한다. 관계 부서에 연락해두었으니 필요한 물품을
제공받아라. 대사관에도 연락해놨으니 도움을 구하라.'
우리는 서울시의 답변을 복사해서 다른 도시에 보냈다.
그러자 다음 날 모든 도시가 메일을 보내왔다.

얼마 후 둘이 사는 집으로 박스가 쌓이기 시작했다.
반응을 얻어내는 데는 성공했으나
우리가 기대한 반응은 아니었다.
모자나 티셔츠는 없었고 팜플렛, DVD, 기념 배지뿐이었다.
그것만으로는 부족했다. 우리는 영국 사람들을 생각했다.
영국은 차 문화가 발달했다. 차 때문에 전쟁까지 한 나라다.
차를 마실 때는 비스킷, 쿠키, 캔디를 먹는다.
어렵지 않게 홍삼캔디가 떠올랐다.
한국에서 열리는 월드컵, 한국에 대한 관심,

가장 한국적인 홍삼캔디는 완벽한 조합이었다.
한 달 방값에 맞먹는 금액, 무려 50만 원을 투자해
한국에 홍삼캔디를 주문했다.

우리는 스피커까지 빌려서 떠들썩하게 장사를 시작했다.
그 결과, 하나도 팔지 못했다. 정말 단 한 개도.
내가 몇 개 까먹은 게 전부였다.
지금쯤 그 홍삼캔디는 런던 자취방 어디선가
숙성되고 있을 것이다.
접근 방법이 틀렸다는 건 알겠는데, 그게 뭔지는 몰랐다.
한국에 돌아와서야 그걸 알았다.
혜화동 성당 앞을 지나다가 필리핀 사람들이
전통 식재료나 군것질거리를 파는 것을 보았다.
'저걸 한번 사볼까?'
이런 생각은 전혀 들지 않았다.

그리고 몇 년 전, 영국에서 홍삼캔디를 팔던 우리의 모습이
오버랩되었다. 장식품이나 옷이 아니라 음식이다.
음식의 기본은 신뢰다.
장식품이나 옷은 잘못 사도 돈만 날리면 그만이지만
먹는 것은 다르다. 아시아에서 온 애들이 파는 이상한
글자(한자)가 새겨진 캔디를 왜 사겠는가.

우리 관점에서는 익숙한 것이지만

그들에게는 이상한 음식일 뿐이다.
'비즈니스는 내 관점보다 상대방의 관점을 이해하는 게 굉장히
중요하다'는 것을 배웠다. 아주 큰 깨달음이라고 생각한다.

한 달 방값과 시간을 날렸으니 멍청한 짓이었을까.
그때는 한 달 방값이 아까웠다.
하지만 그때 사라진 돈은 내 인생에
티끌만큼의 악영향도 주지 못했다.
사람들은 뭔가 해보고 싶은 것이 생겨도
'별로면 돈이 아까워서 어쩌지?'라면서 주저한다.
돈이 아까워서 하고 싶은 일을 참는다.
하지만 평생에 몇 십만 원이다. 평생에 몇 백만 원이다.
저지르면 배운다. 팔고 못 팔고는 중요하지 않다.

내가 세상에 어떤 행동을 하면 세상도 내게 반응한다.
액션이 있어야 리액션이 있다. 어떤 반응일지는 모른다.
하지만 한 가지 확실한 건 배운다는 것이다.
얻는다, 잃는다는 모드로만 접근하면 배움은 없다.

1년 365걸음

●
.
.
.
.

★

"마음에 들어서 그러는데 커피 한잔 하실래요?"
마음에 드는 이성에게 말을 걸어볼까?
거절당할까봐 이야기 못 하는 사람이 열 명 중 아홉이다.
거절당할 수 있다.
하지만 시도를 해봤기 때문에 미련은 남지 않는다.
조금 더 생각해보면 상처받을 일도 아니다.
마음에 든다는 의사를 표현했고
상대방은 마음에 들지 않는다는 의사를 표현했을 뿐이다.

어쩌면 커피를 한잔 할 수도 있다.
거기서 서로 통하는 지점을 찾으면
평생의 배우자를 만날 수도 있다.
좋은 친구가 될 수도 있다. 내가 먼저 행동해야 한다.

내 행동에 대한 세상의 반응으로 배우는 게 있다.
대부분 자기가 원하는 결과가 나오지 않을 거라는
지레짐작으로 시도하지 않는다.

뭔가를 하려고 할 때 남이 어떻게 생각할지 신경이 쓰인다.
당연한 마음의 작용이다.
남의 시선 때문에 주저될 때는 자신이 생각하고 있는 타인의
행동을 떠올려보면 된다. 아마 별로 없을 것이다.
우리는 사실 다른 사람에게 큰 관심이 없다.
자신이 하는 행동 역시 자신만 신경 쓸 뿐
다른 사람은 별 관심이 없다.
특별한 일이 아니라면 기억도 하지 못한다.

사람들이 보는 것은 현재의 모습이다.
기대했던 결과가 나오지 않을 수 있다.
하지만 행동을 한 사람은 이미 다른 위치에 가 있다.
생각만 하고 행동하지 않은 사람은 그 자리에 있다.
이전 위치와 다른 위치의 차이는 미세할 수 있다.
그러나 다른 위치에서 또 다른 위치로 갔을 때,
처음 위치와의 거리는 점점 멀어진다.

하루에 한 걸음이라도 움직이는 사람과
그 자리만 빙빙 도는 사람 사이의 차이,
1년만 지나면 365걸음.

그 자리는 계곡일 수도 있고 언덕 위일 수도 있다.
계곡의 조망과 언덕의 조망은 완전히 다르다.
의자 위에 서서 봐도 방의 풍경이 달라진다.
지금 올라가보면 안다.

뜻밖의 만남에 기회가 있다

●
.
.
.
.

★

기회를 찾지 못한 사람일수록 뜻밖의 선택을 해야 한다.
익숙한 세계에는 기회가 없다는 뜻이기 때문이다.
뜻밖의 선택은 뜻밖의 만남으로 이어지고
뜻밖의 만남에서 뜻밖의 기회가 생긴다.
뜻밖의 선택은 뜻밖의 리스크를 부를 수 있다.
기회가 올지 리스크가 올지 해보기 전에는 모른다.

리스크가 두려운 사람은 익숙한 것만 선택한다.
하지만 리스크조차도 기회다. 리스크는 어려움이다.
어렵다는 것은 역량을 넘어서는 일을 맞닥뜨리는 것이다.
내 역량의 한계를 체크할 수 있다.
어떤 역량을 더 키워야 할지도 알 수 있다.
리스크는 성장의 기회다. 그러므로 뜻밖의 선택은 기회밖에 없다.

'어떻게 그렇게 젊은 나이에 암웨이를 선택하셨어요?
결정하기 쉽지 않은데'라는 물음을 많이 받는다.

인생을 살 때 두 가지 프레임이 있다.
하나는 '얻을 것이냐? 잃을 것이냐?'다.
그러면 선택하기 힘들다. 잃을 가능성은 늘 있다.
다른 하나는 '배울 수 있느냐? 배울 게 없느냐?'다.
이 프레임이라면 범죄 이외에는 모든 것을 선택할 수 있다.

가만히 있으면 배우지 못한다. 익숙한 것만 하면 배우지 못한다.
그러면 무조건 하는 거다.
그래서 나는 잃는 선택을 해본 적이 없다.
어떤 결과가 나오든 배우면 되는 거니까.
물론 '어떤 일이라도 해보면 된다, 하면 다 배운다'는 말은 아니다.
정말 하고 싶은 일을 찾아 그 일을 하려는데
두려움이 있다면 먼저 시작해보라는 얘기다.

주눅 들어 있는 청춘들을 많이 본다.
실패를 하지 않기 위해 아무 시도도 하지 않는다.
그러니까 위치를 바꾸지 못한다.
실패하더라도 움직이면 다른 게 보인다.
다른 게 보여서 움직이는 게 아니다.
움직여야 다른 게 보인다.

생각과 행동의 거리는 가깝다.

누가 추천하면 해본다. 결국 완벽한 상태는 없다.

'There is no best moment.'

사람들이 기대하는 완벽한 시기는 없다.

완벽한 시기가 오면, 확실하면 움직이겠다는 태도는 곤란하다.

계속 움직여서 몸을 부드럽게 해놔야지,

정확하게 공을 넣어주지 않는다.

계속 뛰고 있어야 근처로 공이 움직일 때 잡을 수 있다.

근데 사람들은 그 자리에 서서 공을 기다리고 있다.

그러면서 공이 오지 않는다고 불평한다.

기회는 내가 만드는 것이 아니다.

누군가로부터 오는 것이다.

내가 할 수 있는 유일한 길은,

그런 기회들을 받을 수 있는 준비를 하고 있는 것이다.

당신은 얼마나 준비되어 있는가?

문을 열면 그 뒤에

●
·
·
·
·

★

하나의 문을 열면 두 개의 문이 나왔다.
하나는 다수가 선택하는 문이고
다른 하나는 소수의 사람들이 선택하는 문이다.
나는 다수가 선택하지 않는 문을 열었다.
그렇게 계속 소수의 사람들이 선택하는 문,
나를 성장하게 해줄 문, 낯선 문을 열었다.
그 문 뒤에 나를 성장하게 해준 사람들이 있었다.
나는 적극적으로 그들을 받아들였다.

고시공부를 하다가 로스쿨로 바꿨고 로스쿨을 준비하면서
에세이 대행업체를 찾지 않았다. 부자아빠가 불렀을 때
가서 만났고 원주에 갔고 멕시코에 갔다.

경영학과면 경영학을 열심히 공부해야 했다.
사법고시 공부를 시작했으면 영국에 가면 안 됐다.
로스쿨을 가려고 했으면 원주 갈 시간에 공부를 해야 했다.
대기업에 들어갔으면 정년퇴임할 때까지 있어야 했다.

남들이 하지 않는 선택을 했다.
그러다보니 남들이 만나지 못하는 사람을 만나게 되었다.
낯선 선택은 낯선 만남을 부른다. 불편하다.
때로는 예의 없는 사람을 만날 수도 있다.
괜히 만난 게 아니다.
예의 없는 사람을 만나봐야 예의 있는 사람을 알 수 있다.
의기소침한 사람을 만나봐야 생기 넘치는 사람을 알아볼 수 있다.
가만히 있으면 우연히 내 삶에 들어온 사람들을 만나게 된다.
어떻게 보면 기회라는 건 내가 만드는 게 아닌 것 같다.
기회는 누군가로부터 오는 것 같다.
그러니 열심히 사람을 찾아다녀야 한다.
적극적인 관계 맺기를 해야 한다. 그에 대한 관심을 표현해야 한다.

이 문을 열고 나가기 전까지는 밖에 무엇이 있는지 모른다.
나가보면 거기에는 새로운 세계가 있다.
그 문 뒤에는 나에게 새로운 기회를 제공할 많은 사람들이 있다.
많은 문을 열수록 나의 세계는 넓어진다.
새로운 문을 열고 나갈지, 문 앞에서 서성거릴지는 나의 선택이다.

사람은 행동한 대로 생각한다

성공한 사람들에게서 네 가지 특징을 발견했다.
돈이 많다고 다 성공한 사람은 아니다.
내가 보는 그들의 특징은 이렇다.

첫째, 삶에 대한 통제욕구가 강하다.
통제당하는 것을 싫어한다. 스스로 판단해야 직성이 풀린다.
그래서 학습력이 뛰어나다. 판단하고 통제하려면 뭘 알아야 한다.
센스가 있어야 한다. 평범한 사람들은 대체로 판단을 미루거나
자기가 판단하는 걸 싫어한다.
누군가 판단해주면 오히려 편안함을 느낀다.

둘째, 성장욕구가 강하다.
사업을 계속하는 것, 새로운 분야에 도전하는 것은
돈을 더 벌려고 한다기보다 좀 더
성장하고 싶은 욕구 때문인 것 같다.
평범한 사람들은 결과에 집착한다.
성장할 수 있어도 얻을 게 없으면 도전하지 않는다.
성장하겠다는 것은 지속적으로 자신의 가능성을
확인해보고 싶다는 욕구다.

셋째, '근자감'이 엄청 강하다.
무조건 된다는 믿음이 있다.
굉장히 긍정적이고 자신에 대한 믿음이 크다.
'몰라. 근데 나는 될 것 같아.'

그래서 걱정하는 데에 에너지와 시간을 뺏기지 않는다.
뭘 하는데 잘 안 되는 사람들을 보면 자신을 못 믿는다.
'안 되면 어떡하지'라는 두려움에 에너지와 시간을 쓴다.

넷째, 투자 마인드가 있다.
자신의 시간과 돈을 먼저 투자한다는 개념이 있다.
부자들이 돈이 많아서 쓰는 게 아니다.
세상에 공짜가 없다는 걸 알기 때문이다.
자기 기준에서 벗어나는 일에는 절대로 돈을 쓰지 않는다.
마중물처럼 시간과 돈을 투자해서
원하는 것을 얻을 수 있다는 것을 안다.
평범한 사람, 특히 직장인들은 자기 시간과 돈을 틀어쥐고만 있다.
마중물을 붓지 않기 때문에 변화를 만들어내기가 어렵다.

통제욕구, 성장욕구, 근자감, 투자 마인드는 모두 마음의 문제다.
하지만 나는 그들의 마음을 보지 못했다.
그들의 말과 행동을 보고 판단한 것이다.
또 하나 중요한 지점.
그들이 성공한 것은 행동의 결과이지 생각의 결과가 아니다.
말과 행동에서 보이는 특징은 그들이 성공해서 나오는 게 아니다.
그 말과 행동의 특징들이 그들을 성공하게 만든 것이다.

한 심리실험에서 참가자들에게 지루하고 따분한 과제를 수행하게
했다. 그러고는 대기실에 있는 다른 참가자들에게

재미있는 과제였다고 거짓말을 해달라고 했다.
거짓말의 대가로 어떤 사람에게는 1달러를,
어떤 사람에게는 20달러를 주었다.
나중에 그 과제에 대한 생각을 물었다.
모두 다 '재미없었어요'라고 답했을 것 같지만 아니다.
20달러를 받은 사람들은 재미없었다고 했다.
1달러를 받은 사람들은 '재미있었다'로 생각을 바꾸었다.
20달러는 가벼운 거짓말을 하는 대가로 충분했다.
하지만 1달러는 아니다. 그들은 거짓말의 이유를 찾지 못했다.
그래서 생각을 바꾼 것이다.

사람들은 자신의 생각과 행동이 모순되는 것을 싫어한다.
모순이 발생할 경우, 행동이 아니라 생각을 바꾼다.
이를 인지부조화 이론이라고 한다.
자신이 없어도 자신감 있는 것처럼 말하고 행동하면
자신감이 생긴다. 반복하고 훈련하면 그렇게 된다.
남다른 생각을 하는 사람은 남다른 행동을 할 수 있다.
하지만 남다른 행동을 하면 남다른 생각이 자라게 된다.
남다른 생각을 하고 싶다면 남다른 행동을 해야 한다는 것이다.
그 행동을 계속 하다보면 그 행동에 맞는 생각을 하게 된다.

함께 사업을 하는 많은 분들이 뜻을 모아 기부단체를 만들었다. 아프리카, 아시아 등 절대적 빈곤 상태에 있는 나라에 학교도 지어주고, 영양제도 지원하고, 아이들도 입양했다. 우리가 9년간 모은 금액이 163억 원 정도다. 민간단체로는 가장 큰 규모라고 한다.

김일두 리더가 내가 결혼할 때 가르쳐주었다. "받고 시작하지 말고 주고 시작해라." 내가 뭘 나눌 게 있다고 주나 했지만 난 그 가르침을 따랐고 당시 축의금을 전부 기부했다. 축의금을 기부했을 때 내 안에서 어떤 일이 일어날지 몰랐으니까. 결과적으로 지금은 매년 천만 원씩 기부할 수 있는 사람이 되었고, 컴패션을 통해 케냐, 볼리비아, 필리핀에 입양한 아이들이 있다. 나눔도 배워야 한다.

달콤쌉쌀한 기회

●
·
·
·
·

★

왜 사람들은 기회를 선택하지 못할까.

왜 기회일지 모르는 것을 앞에 두고 결정을 미루는 것일까.

성공하고 싶다고 말하면서 왜 평범하게 사는 사람들이 많을까.

성공은 기회를 잡은 결과물이다. 다들 그 기회가 없다고 한다.

좀처럼 보이지 않는다고 한다. 그럴 수밖에 없다.

기회는 기회가 아닌 척한다. 기회는 문제인 척한다.

누가 봐도 기회처럼 보이는 것, 백주대낮에 손잡이까지 갖춘 것은

기회가 아니라 함정인 때가 많다.

여기에 속는 사람들이 많아서 사기꾼들이 먹고 산다.

기회는 남들이 발견하지 못한 문제다.

당연하게 여기는 것을 문제로 인식하면 기회가 보인다.

가만 보면 문제로 인식하는 것까지는 많은 사람들이 하는 것 같다.

그 문제를 해결하려면 쓰디쓴 대가를 치러야 한다.

그래서 사람들은 말한다.

"알긴 아는데, 그걸 어떻게 하나?"

'문제를 해결하는 과정은 쓰다'라고 생각했었다.

'인내는 쓰고 열매는 달다'고 여겼었다.

처음에는 단맛을 보기 위해 쓴 것을 참았다.

그런데 계속 먹다보니 쌉쌀한 맛을 알게 되었다.

쌉쌀한 맛을 볼 때 내가 성장하는 것을 알았다.

문제를 해결하려면 내 역량이 문제보다 커져야 한다.

지금 문제로 보이는 것이 있다면 아직은 역량이 부족한 것이다.

고등학생에게 인수분해는 문제가 아니지만

초등학생에게는 도저히 풀지 못할 것 같은 문제다.

하지만 인수분해의 원리를 배워서 역량을 키우면

문제를 해결할 수 있다.

현재 상태 그대로 가질 수 있는 기회는 없다.

모든 성공, 모든 기회는 나의 변화를 수반한다.

변화가 필요 없는 기회는 기회가 아니다.

내가 변화하지 않고 얻어지는 것들은 성공이 아니다.

그냥 우연히 얻어 걸린 행운이다.

몸짱이라는 결과물을 얻으려면

근육이 찢어지는 아픔을 겪어야 한다.

그런데 운동을 하다보면 그 과정의 즐거움을 알게 된다.

나중에는 몸짱을 위해서가 아니라 운동 그 자체를 위해
운동하게 된다. 그럴 필요가 없어 보이는 사람이 계속해서
힘든 도전을 하는 것도 같은 이유다.

달콤쌉쌀한 맛을 모르는 사람들은 이해하지 못한다.
지금 쓴맛을 느낀다면 계속 나아가야 한다.
단맛이 날 때까지 씹어야 한다. 실패라는 건 없다.
어차피 내 삶을 내가 만드는 것이다.

넬슨 만델라가 말했다.
"부디 당신의 선택이 당신의 희망을 반영하길. 두려움이 아니라.
May your choices reflect your hopes, not your fears."

계산하면 제약된다

●
．
．
．
．
★

사업 초기 청주에서 과일가게 하는 분을 소개받았다.
과일가게를 하는 63세의 할머니면 제품도 좀 쓸 수 있고
아는 사람도 많을 것 같았다. 주소를 받아들고 찾아갔다.
사실 실망했다. 과일가게라기보다는 노점에 가까웠다.
과일 상자 서너 개 놓고 이것저것 팔고 계셨다.
석 달 동안 매주 가서 사업을 설명했다.

아는 분들을 초대하라고 했더니 할머니의 '형님들'이 오셨다.
다들 70세가 넘은 할머니들이었다.
할머니들은 나를 외판원으로 인식하는 것 같았다.
한 번은 찹쌀 케이크를 해드렸다.
우리 제품을 이용해 내가 가장 잘 만드는 요리였고,
쫄깃쫄깃해서 많은 사람들에게 인기가 있었다.
하지만 그거 해드리고 꾸지람을 엄청 들었다.
틀니를 생각하지 못한 것이다.

좀 젊은 사람을 소개해달라고 했더니 딸을 소개해주셨다.
딸은 사이판에 살고 있었다.
전화를 했더니 직접 사업설명을 들어보고 싶다고 했다.
칠판과 시연할 제품 등을 챙겨들고 사이판으로 날아갔다.
그분은 사업을 해보고 싶다고 했다. 매달 사이판으로 갔다.
한 달 수입이 100여만 원쯤 되던 때였다.
비행기를 타고 다니는 데 한 달 수입의 거의 전부를 썼다.
나는 왜 청주에 가고, 사이판에 갔을까.

청주 갈 시간이면 서울에서는 두 명을 만날 수 있다.
사이판에 가는 시간과 비용이면 국내에서 훨씬 더 많은 사람을
만날 수 있다. 비효율적인 선택이다.

"이 사업으로 성공하고 싶다면 시간, 거리, 비용을 따지지 마라."
김일두 리더가 항상 말했다.
효율을 생각하다가 무너진다.
그 시간에 다른 걸 하는 게 효율적이지 않을까.
그렇게 먼 거리를 가는 것보다 가까운 데서 찾는 게 낫지 않을까.
그 비용을 들여서 갔는데 안 되면 어떡하지.
그러다가 오늘은 좀 피곤하니까 쉬는 게 더 낫지 않을까 하게 된다.

제약이다.
거리, 비용, 시간을 따지기 시작하면
그것들은 내 행동에 제약이 된다.
효율을 따지면서 재다가 그것들에 묶이는 것이다.
재면 배우는 게 없다.
가장 효율적인 것은 어제처럼 하는 것이다.
효율이 아니라 가치가 중요하다.
사람들은 돈을 아끼면 번다고 생각한다.
그건 싸구려 제품을 사는 멘탈과 같다.

백만 원을 안 쓰면 버는 것일까.
백만 원을 써서 이백만 원을 버는 게 버는 거다.

안 쓰고 아끼는 것이 아니라 쓰더라도 배우는 것이 중요하다.
한번에 제대로 배우면 계속해서 벌 수 있기 때문이다.
나는 사이판까지 간 적이 있기 때문에
어디든 갈 수 있는 힘이 생겼다.

지옥을 맛보다

●
·
·
·
·

★

사이판에서 뭔가 좀 풀리는가 했다.
사업 파트너가 새로운 사람들을 초대하기 시작했다.
"한국에서 누가 오는데 맛있는 요리를 해줄 거예요.
아침 먹지 말고 오세요."

만반의 준비를 했다.
메뉴는 탕수육, 유산슬 덮밥, 찹쌀 케이크였다.
나로서는 '퀸쿡'이라는 요리냄비의 우수성을 시연하는 자리였다.
인덕션을 이용한 레시피를 꼼꼼하게 '외웠다'.
마치 공식처럼 '인덕션 3단에 5분 가열한 후…'라는 식으로
외우고 연습했다.

9명의 주부들이 요리하려는 젊은 남자를 지켜보고 있었다.

인덕션에 전원을 연결하고 레시피대로 하면 끝나는 일이었다.

'뜨아아, 110V!'

사이판은 한국과 전압이 달랐다. 인덕션을 쓸 수 없게 된 것이다.

9명의 주부들은 간단하게 말했다.

"가스레인지로 하면 되지."

가스레인지로 해도 되는 줄은 나도 안다.

다만 내가 그걸로 못할 뿐이지.

그때부터 진땀이 나기 시작했다. 정말 미치는 줄 알았다.

가스레인지로는 해본 적이 없으니 불 세기가 맞을 리 없다.

눌어붙고 타고 설익고.

맛있는 요리를 기대하던 눈빛은 점점 실망감으로 변해갔다.

허기에서 비롯된 적개심도 느껴졌다.

"괜히 왔네. 뭐 하는 사람이야, 저 사람."

맛없는 요리도 나오지 않았다. 요리가 아에 되지 않았다.

결국 라면을 끓여먹었다.

그때만큼 괴로운 미팅은 없었다. 지옥이었다.

사이판에서는 아무런 성과도 나지 않았다.

제품을 좀 써보려는 사람들은 있었지만

어떤 네트워크도 만들어지지 않았다.

나는 무슨 짓을 한 것일까.

1년 동안 많은 돈과 에너지를 들였는데 결국 실패했다.

그런데 어느 날 베트남에서 연락이 왔다.
자기가 아는 사람 중에 암웨이 사업에 관심 있는 사람이 있는데
좀 도와줬으면 좋겠다고 했다.
"어떻게 저를?"
"그 사람이 꼭 당신을 만나고 싶대요."
그는 사이판 일화가 들어간 내 CD를 들었다고 했다.
사이판까지 가서 도와줄 사람이면 베트남에 와서도 도와줄 수
있겠다고 생각했고, 그래서 나랑 사업을 하고 싶다고 했다.

베트남에서 소개를 받아 한국에 큰 그룹이 만들어졌다.
내가 사이판에 들인 노력보다 훨씬 더 많은 것을 얻었다.
'원칙을 지키고 진심을 다하면 예상하지 못했던 곳에서 보상이
이뤄진다'라는 신비로운 이야기를 하려는 것이 아니다.
그런 경우가 꽤 있었지만 증명할 수 없는 이야기다.
그런 과정을 통해 내 실력이 쌓였다는 것만 말하고 싶다.
나는 그 이후로 어떤 미팅도 두렵지 않다.
성공의 반대는 실패가 아니다. Nothing이다.
시도를 하다보면 실수와 실패가 있다.
실패가 두려워서 하지 않겠다? 바보다.

실패하기 싫다는 것은 출발하기 싫다는 것이다.
출발을 하지 않으면 실패할 일도 없다.
그냥 익숙한 불평의 길로 가면 된다.
출발하면 실패할 수밖에 없다. 그 후에 성공을 하는 것이다.

실패를 했다면 뭔가 시도하고 있다는 것이다.
실패는 성공의 과정에 있다는 증거다.

'자기계발' 분야의 책을 읽는 사람들이 많다.
나는 실패할 사람, 고생할 준비가 된 사람이 읽었을 때
가장 효과가 있다고 생각한다.
매일 깨질 필드가 있는 사람이 읽어야 한다.
깨지지도 않을 거면서 자기계발서만 읽으면 뇌가 비만이 된다.
움직이지 않을 논리로 완벽하게 무장된 바로 그 뇌가 된다.

그럼에도 불구하고

●
·
·
·
·

★

아내와 나는 암웨이를 통해 알게 되었고
만난 지 43일 만에 결혼했다.
결혼 초기에도 우리는 매주 미팅에 참석했고,
절대 빠지면 안 된다는 원칙을 갖고 있었다.
아이가 태어난 이후에는 장모님께 맡기고 참석했는데,
그때까지 소득이 많지 않았다.
그래서 경제적으로 뭔가를 해드릴 수 없었다.
내가 드린 것은 '죄송한 마음'뿐이었다.
지불할 게 없으면 감정이라도 지불해야 한다.
때로는 싫은 소리를 들으면서 감정을 지불해야 한다.
보통은 싫은 소리를 듣느니 하려던 일을 포기한다.
모든 일에는 대가가 따른다. 공짜는 없다.

하루는 장모님께 사정이 생겨서 아이를 봐줄 수 없게 되었다.

갑자기 애를 맡아줄 곳을 찾을 수가 없었다.

우리는 애를 데리고 대구 친가로 갔다.

하루만 맡아달라고 부탁을 하고 다시 기차를 타고 서울로 와서
미팅에 참석했다. 다음 날 대구에 가서 아이를 데리고 왔다.

'한 번 빠진다고 큰일 나겠어? 미팅 한다고 돈이 생기는 것도
아니고. 대구 왔다갔다 차비가 얼만데.'

사실이다. 미팅 한 번 빠진다고 큰일 나지 않는다.

미팅 한 번 더 한다고 당장 돈이 생기지도 않는다.

하지만 더 중요한 것은 원칙이다. 원칙에 타협이 생기면 안 된다.

내가 정한 원칙은 나를 성장시키는 환경이다.

그 환경 속에서 일어나는 일들이 나를 레벨업시킨다.

상황이 따라주지 않을 때, 어떻게든 방법을 찾아내서
원칙을 지킬 때 '나는 어떤 경우에도 내가 정한 원칙을
지키는 사람'이라는 자기 인식이 생긴다.

반복할수록 자존감이 높아지고 자신감이 생긴다.

'그래서'가 아니라 '그럼에도 불구하고'라고 할 때
스토리가 만들어지고 성장한다.

스토리란 이런 것이다.

정말 보고 싶었던 친구에게서 10년 만에 연락이 왔다.

오늘 저녁에 만나자고 한다.

그런데 그날은 헬스클럽에서 운동을 하기로 결정한 날이다.

"미안하지만 저녁에 중요한 일이 있는데, 밤늦게 만날 수 있을까?"

영어 회화를 매일 한 시간씩 공부하기로 했다.
그런데 거래처와의 회식이 잡혔고 어쩔 수 없이 과음을 했다.
"혀가 꼬이고 글자가 잘 보이지도 않는데도
한 시간 동안 책상에 앉아 소리 내어 읽었어."

10년 만의 연락임에도 불구하고 운동을 가야 스토리가 생긴다.
만취했음에도 불구하고 책상에 앉아야 스토리가 생긴다.
"운동하기로 했지만 너무 반가워서 그냥 하루 쉬었어."
"거래처 회식인데 어쩌냐?"
이건 아무것도 아니다.
'원칙을 지키기 위해 이렇게까지 해봤어'라는 것들이
스토리가 된다.
몸짱이 된 후에, 영어로 자연스럽게 대화할 수 있게 됐을 때
그런 이야기를 하면, 멋있다.

궁리의 힘

．
．
．
．

★

오전 7시, 사무실에 도착해 커피를 탄다.

프로모션 전단지를 들고 한남동, 성북동, 평창동으로 출발한다.

7시 30분쯤 되면 기사 아저씨들이 차를 닦고 있다.

기사 아저씨들에게 커피를 건네며 말을 건다.

차를 바꾸고 차종을 결정하고 딜러를 선정하는 데는

기사들의 영향력이 크다.

거래하는 딜러가 있지만 그거야 언제든 바꿀 수 있으니

얼굴을 익혀두려는 것이다.

다녀오면 10시 전이다.

그때부터는 외제차를 탈 만한 경제력이 되는 직업군의 명부를

펼친다. 약 50명에게 전화를 한다.

점심을 먹고 오후가 되면 논현동 가구골목의 여러 사장님들,

압구정동 성형외과 원장님들의 명함을 받으러 다닌다.

이것이 자동차 영업소에서 신입사원인 나의 일과였다.
그중 명함 받기는 무척이나 힘들었다.
모 성형외과에 가서 간호사나 실장에게 말한다.
"원장님 명함 한 장 주세요."
"왜요?"
자동차에 관한 정보 어쩌고저쩌고 해봐야 주지 않는다.
진료를 받고 상담을 받아도 원장 명함은 받을 수 없다.
어쩌다 그냥 주는 사람이 있어도 하루에 30장을 채우기는 힘들다.
'어떻게 하면 저 사람이 명함을 줄까?'
궁리하니 방법이 나왔다.
"지난번 골프 행사 때 원장님이 참석하셔서 골프가방 보내드리려
고 하는데 명함을 잃어버렸어요."
"사장님, 이번에 이벤트 있는데 명함 한번 넣어보세요."
그때부터는 쉬웠다. '궁리하면 다 방법이 있구나,
어떻게 다가가느냐에 따라 반응이 달라지는구나'를 알게 되었다.

사람들은 하다가 안 되면 멈춘다.
그러고서 수단을 바꾸는 게 아니라 목표를 바꾼다.
어떤 일을 할 때 어려움이 있더라도 궁리하면 풀린다는 사실을
알고 있어야 한다. 목표가 잘못된 것이 아니라 방법이 잘못되어서
안 되는 것이고 다른 방법을 궁리하면 해결책이 나온다는 사실을
알고 있어야 한다.

'해봤는데 잘 안 되더라'라는 말은 틀린 말이다.
'해봤는데 잘못된 방법이더라'라고 말하는 것이 맞다.
계속 시도하다보면 그 상황에 맞는 방법을 찾게 되어 있다.
인간은 그럴 만큼 충분히 똑똑하다.

허락 받기보다 용서 받기가 쉽다

●
·
·
·
·
★

상점에 있는 물건을 계산도 하지 않고 가져간다.
주인은 아무 말도 하지 않는다. 그냥 가져가게 내버려 둔다.
"왜 내버려 두세요?"
"아, 다들 아는 사람들이에요. 그 사람들을 서운하게 하면 안 되죠."

인생의 가장 소중한 자원은 시간이다.
자기 시간을 어떻게 쓰느냐에 따라 인생이 달라진다.
그러나 중요한 것이 없는 사람에게 시간은 아무나 가져가도 되는
것이다. 흥청망청 아무에게나 돈을 쓰듯이,
시간을 흥청망청 쓰게 된다. 그런 사람의 시간은
그를 아는 모두를 위해 준비되어 있다.

가장 소중한 자원을 약탈당하면서도 본인은 친구를, 가족을,
직장동료를, 선후배를 서운하게 하지 않았다는 데서 위안을 삼는다.
만족이 아니라 위안이다. 중요한 것이 있는 사람은 다르다.
그에게 시간은 소중한 자원이다.
귀하디귀한 시간을 투입해 자신에게 중요한 뭔가를 이뤄내야 한다.
그런 사람은 말한다.
"No!"

뭔가 얻기를 원한다면 뭔가를 포기해야 한다.
그를 아는 모든 사람이 칭찬하는 사람은 '호구'다.
아무도 서운하게 하지 않으면서
자기에게 중요한 것을 이루는 것은 불가능하다.

다르게 말하면, 자신에게 중요한 것이 없기 때문에
자기 시간을 헤프게 쓰는 것이다.

드라마에는 주인공의 친구가 있다.
주인공과 주인공 친구의 차이는 무엇일까.
주인공은 자기 인생의 중심에서 '사투'를 벌인다.
주인공 친구는 주인공 옆에 있다.
주인공이 필요할 때는 언제든 시간이 있다.
화면 밖 주인공 친구의 인생을 상상해보면,
전혀 정리가 되어 있지 않은 삶이다.
정리가 되려면 중심이 있어야 한다.
중요한 것이 있어야 한다.
그것을 기준으로 나머지 것들이 정리된다.
우선순위에 따른 정리다.

우선순위는 인생을 걸고 도전할 거리가 있을 때 정해진다.
그래야 시간도, 돈도, 관계도 정리된다.
우선순위에 따라 자기 시간을 쓰는 사람은
냉정하게 보이기도 한다.
"야, 섭섭하다."
자기 인생이 중요한 줄 알고 상대방의 인생도 중요한 줄 아는
사람이라면 응원을 보내지 칭얼거리지 않는다.
그런 소리를 듣기 싫다면, 다 맞춰주고 살면 된다.
5년 뒤에도, 10년 뒤에도

그 모습 그대로 맞춰주면서 사는 삶을 살면 된다.

뭔가를 얻기 위해서는 뭔가를 희생하고 No할 수 있어야 한다.
No를 하지 않고는 새로운 것을 하지 못한다.
No라고 말해야 내 인생이 Yes의 방향으로 간다.
한 가지 팁.
허락받기보다는 용서받기가 쉽다.
사람들은 뭔가 시도하기 전에 계속 물어본다.
"이거 해도 될까? 저거 해도 될까?"
친구들의 허락, 가족의 허락을 구한다.
그러나 사람들은 변화보다는 안정을 추구하기 때문에 새로운 것을
시도할 때 격려해주는 사람이 없을 수도 있다.
맞다고 생각하면 먼저 저지르고 용서를 받는 게 빠르다.

요구하라, 그러면 얻을 것이다

•
.
.
.
.

★

우리 팀에서 짧은 기간에 큰 성장을 하고 있는
파트너 홍지나 씨가 있다.
그의 어머니가 소개를 해서 파트너가 되었다.
어머니의 판단에 따르면 자신의 딸은 절대 암웨이를 할 사람이
아니었다. 그는 과학고를 2년 만에 졸업하고 카이스트에 입학한
수재였다. 외국계 증권사와 국내 증권사에서 펀드 매니저를 했다.
여럿이 어울려 회사를 창업했고, 창업한 회사에서 나와 다른 일을
하며 잘살고 있다. 그러니 연락해봐야 소용없다는 것이었다.
소개팅을 시켜주겠다는 제안으로
겨우 명함을 받아서 약속을 잡았다.
우리는 사업을 말해주었고, 관심 없을 거라던 어머니의 생각과
달리 홍지나 씨는 암웨이 사업의 비전을 명확하게 이해했다.
본인이 알고 있었던 세계가 넓었기에

우리 사업의 크기와 가능성을 볼 수 있었던 것이다.

우리는 사람에 대해 선입견을 가지고 있다.
아무것도 모르면서 혼자 지레짐작하고 포기한다.
'예쁘니까(잘생겼으니까) 당연히 애인이 있을 거야.'
자기 혼자서 타인을 판단해버리고 끝내는 경우가 많다.
그냥 한번 물어보면 된다. 물어보는 것은 나의 자유,
거절하거나 받아들이는 것은 그의 자유다.
뭔가를 원할 때도 사람들은 거절당할 걱정부터 한다.
대부분은 참는다.
그런데 사람들은 '감사합니다'라는 인사 받는 것을 좋아한다.
자기 재량에서 손쉽게 할 수 있는 일을 해주고
감사 인사를 받는 것은 그에게는 남는 장사다.

원하는 게 있으면 일단 알려야 한다.
내가 한 달 걸려도 할 수 있을까 말까 한 일을
그는 클릭 몇 번으로 해결해줄 수도 있다.
나에게는 정말 필요한 물건인데,
그의 집에서는 애물단지일 수도 있다.
원하는 것이 있다면 일단 주위에 그 사실을 알려야 한다.
혼자서 탐구하는 것보다 사람으로부터 오는 정보가
훨씬 정확하고 빠를 수 있다.

"물고기를 잡고 싶어. 어떻게 하면 될까?"

그러면 여러 정보들이 들어온다.
남산으로 가보라는 사람도 있을 수 있고,
청계천으로 가보라는 사람도 있을 수 있다.
물고기를 한 번도 본 적 없는 사람은 이렇게 말할 수도 있다.
"물고기는 잡을 수 없어. 그건 상상의 생물일 뿐이야."
원하는 것을 알리다보면 누군가는 말해줄 것이다.
"일단 바다로 가야지."

산에서 물고기를 잡을 수 없는 것처럼
직장에서 자유로운 생활을 구할 수는 없다.
원하는 것을 얻으려면
일단 원하는 것이 있는 곳으로 가야 한다.
그러면 다수의 사람들이 상상의 생물일 뿐이라고
했던 물고기를 이미 잡은 사람이 있다.
그 사람을 만나 그가 물고기를 잡기 위해 무엇을 했는지 물어보고,
배우고, 그의 방법대로 시도해본다.
인생의 낚시터에는 초심자의 행운 따위는 없다.
많은 시도는 성공하지 못할 것이다.

시도를 멈추면 실패한 것이고 계속하면 자신이 업그레이드된다.
자기만의 방법이 생긴다. 그때서야 비로소 물고기를 낚을 수 있다.
사람들은 원하는 것이 생기면,
본인이 치를 대가가 두려워서 '원하지 않기 위해' 노력한다.
'어차피 해봐야 안 될 거야.'

두려움을 가진 사람들은 원하는 것이 생기면 방법이 아니라
원하는 것에 대한 의견을 구한다.
"역시 그렇지? 나도 왠지 그럴 것 같았어."
다수의 사람들이 그렇게 원하는 것을 잊으려 하면서 살고 있다.
소수의 사람들만이 원하는 것을 알고,
원하는 것이 어디에 있는지 알아내고,
거기서 사람을 만나고 정보를 구하고 시도를 한다.
그리고 마침내 원하는 것을 얻는다.

질문이 경쟁력이다

●
·
·
·
·
★

우등생은 출제된 문제의 답을 잘 안다. 선생님의 칭찬을 받는다.
'훌륭하구나, 내가 알고 있는 걸 알고 있다니.'

답은 이미 존재하고 있었다. 정답은 몇 초면 검색할 수 있다.

초등학생이 검색할 때와 박사가 검색할 때의 결과가 다르지 않다.

정답은 누구에게나 평등하다.

우리는 정답을 정확하게 암기하는 교육을 받았다.

하지만 정답을 잘 암기하는 사람이 설 자리는 점점 줄어들고 있다.

과거의 평가 방식은 누가 답을 알고 있느냐였다.

이제 기억력은 그렇게 중요하지 않게 되었다.

여전히 한국의 학교에서는 그렇게 가르치고 있지만.

질문은 평등하지 않다. 기억력보다는 호기심이다.

1+1=?

정답은 2.

?=2

?은 무한의 방법이 있다.

정답을 찾아내라고 하면 사고가 제한된다.

하지만 문제를 내려고 하면 무한하다. 사고가 확장된다.

그래서 질문이 경쟁력이다.

이미 나와 있는 정답을 찾기보다 남들이 하지 않은 질문은
뭐가 있을까 생각해봐야 한다.

새로운 비즈니스는 새로운 질문에서 나온다.

그래서 비즈니스의 시작은 질문이다.

'다 괜찮아? 불편하지 않아? 더 편한 건 없어?'

질문은 호기심이다.

'나는 호기심이 없어요.'

호기심은 궁금해하는 게 아니라 숨기지 않는 것이다.

호기심이 없는 사람은 없다.

그걸 자꾸 억제하다보니 인지를 못하는 것이다.

대학을 포함해 16년 동안 답을 외우는 교육을 받다보니

호기심은 오히려 방해가 되었다.

'이건 왜 이렇지?'라는 건 시간낭비였다.

호기심은 표현하는 것이다.

내면의 욕구에 귀를 기울이는 것이다.

알고 싶어하는 마음에 귀를 기울이다보면 들을 수 있다.

저 구두는 어디에서 샀을까?

저 사람의 관심사는 무엇일까?

저 사람은 왜 그런 말을 했을까?

호기심을 표현하면 생동감이 생긴다.

사람들은 질문해주는 사람을 좋아한다.

질문이 그 사람의 자리를 만들어주기 때문이다.

질문을 해야 배울 수 있다.

사람들의 호감을 사는 가장 쉬운 방법

●
.
.
.
.

★

엘리베이터 앞에서 우리 집 위층에 사시는
1933년생 할아버지를 만났다.
인사를 했고 오랫동안 대화를 나눴다.
여러 가지를 여쭤봤는데 모든 질문에 너무 즐겁게 대답해주셨다.
그러다가 내가 마음에 드셨던지
당신 집에 가서 차 한잔하자고 하셨다.
집에 가 탁자에 앉아서도 나는 그분이 어떤 분인지 전혀 알지 못했다.

"미술을 좀 아는 사람이 우리 집에 오면 엄청 놀라요."
다른 집에 비해 그림이 좀 많다 했는데 보통 그림이 아니었다.
추사 김정희, 박수근, 이중섭, 천경자 등
정말 유명한 화가들의 진품이라고 하셨다.
그림들을 가리키면서 작품을 설명해주셨다.

작가들이 어떤 사람인지, 일본 사람들이 왜 매와 호랑이 그림을
좋아하는지 알게 되었다.
그러면서 나에게 그림을 좀 공부해보라고 하셨다.

한 날은 우리 부부를 부르셨다.
"보기 힘든 그림 보여주려고 불렀어요."
평소에는 손상될까봐 따로 보관하고 있는 그림이라고 했다.
국립박물관에서 왔다는 사람들이
아주 공손하게 할아버지를 대했다.
박물관에 전시할 작품을 빌리러 왔다고 했다.
조선시대 김홍도 작품이라고 했다.
손상과 도난에 대한 보험금도 엄청났다.
우리는 김환기의 작품을 선물로 받았다.
원본의 채색과 질감까지 살아 있는 정밀한 판화본으로
지클레라고 한다. 환기미술관에서 인증한 작품으로
총 다섯 개밖에 찍지 않았다고 했다.

미술은 내가 모르는 세계였다.
내가 모르는 세계는 내게 없는 것과 다르지 않다.
그분을 통해 미술이라는 세계에 접속할 수 있었다.
앤디 워홀, 바스키아, 키스 해링에 대한 관심도
거기에서 시작되었다.
낯선 만남이 낯선 세계로 나를 인도한 것이다.
그분은 왜 몇 번 만나지도 않은 내게 비싼 선물을 주었을까.

218

뭐가 마음에 들었을까. 나는 몇 마디 하지도 않았다.
같은 빌라에 사니까 인사를 했고 몇 마디 질문을 했을 뿐이다.
말은 그분이 거의 다했다.

데일 카네기는 어떤 파티에서 이야기하는 것을 좋아하는
부인을 만났다. 그 부인은 다른 사람들에게
'세상에서 최고로 말을 잘하는 사람'을 만났다고 했다.
데일 카네기는 질문 몇 개를 했을 뿐이었다.
사람은 누구나 낯선 사람에게 관심이 있다.
그런데 낯선 사람들끼리 있으면 마치 관심이 없는 척한다.

호기심을 표현하는 연습을 하지 않았고
질문하기가 두렵기 때문이다.

신입사원 연수원에 갔을 때였다.
팀원이 되기는 했지만 모두가 서로를 몰랐다.
모두들 말을 하지 않고 있었다. 나는 사람들에게 말을 걸었다.
내가 말을 많이 하는 게 아니라 그들에게 질문을 했다.
그 질문이 그들의 자리를 만들어준 것이다.
자연스럽게 내가 조장이 되었다.
여러 사람이 있을 때, 말을 많이 하는 사람이 아니라
말할 자리를 만들어주는 사람이 리더다.
관심도 없는데 무슨 말을 거느냐고 할 수 있다.
상대방에 대해 호기심이 생기지 않는다고 할 수 있다.

사람들은 마음이 움직여야 행동한다. 그것도 맞는 말이다.

하지만 행동을 하면 마음이 생긴다.

그러다가 이상한 사람을 만나면?

이상한 사람 만나는 게 겁나면 멋진 사람도 만나지 못한다.

사람을 많이 만나지 않으면 멋진 사람을 만나도 알아보지 못한다.

《지적자본론》

-마스다 무네아키

만들기만 하면 팔리던 공급의 시대가 있었다. 어디에서 사느냐에 따라 가치가 달라지는 유통이 주력인 시대가 있었다. 이제는 소비자가 주인인 시대가 왔다. 소비자에게 맞추는 회사가 성공한다. 대량생산이 아니라 고객의 취향을 저격하고 가치를 제안해야 한다.

츠타야는 서점이 아니다. 가치를 제안한다. 우리나라의 서점들은 여전히 출판사와 서점이 편하게 장사할 수 있도록 하는 데에서 크게 벗어나지 못하고 있다. 하지만 츠타야는 다르다. 책을 파는 공간인 서점에 묶여 있지 않다. 여행 관련 서적을 사는 사람이라면 여행을 좋아하는 사람이다. 그러면 그 옆에서 항공권 예약이 가능하다. 낚시 책 옆에는 낚싯대가 있다. 단순한 거래를 하는 게 아니다. '이걸 좋아하신다면 이것도 좋아하지 않으세요?'라고 묻는다.

소비자에게 맞추려면 정확하게 타깃팅이 되어야 한다. 나의 사업은 누구에게 맞춰야 할까. 암웨이는 40~50대의 주부가 많이 한다는 이미지가 있다. 주부들이 가정에서 사용하는 생활용품의 구매 결정권자이기 때문이다. 나는 30~40대 직장인들과 20대 청춘들에게 주목하고 있다. 그들에게 새로운 도전 기회를 통해 성장하는 삶을 가능하게 하는 수단을 알려주려고 한다.

우리 사업을 성공적으로 하는 방법은 이미 정해져 있다. 성공한 사람들이 했던 방법을 따라하는 것이 가장 확실하다. 하지만 이 사업을 내 인생에 어떻게 받아들일지, 이 사업으로 사회에 어떤 영향을 미칠지는 지극히 주관적이다.

사업을 전하는 방법에 있어서도 나만의 기획을 덧붙인다면 나만의 암웨이 사업이 가능하다. 모든 일들이 그렇다. 기획을 할 수 있다면 낡은 것도 새로운 가치로 제안할 수 있다. 암웨이 하는 김민기가 아니라 김민기가 하는 암웨이를 알리고 싶다.

I AM DIFFERENT

6장

나는 다르다

상대평가의 세상에서
절대평가의 세상으로

●
·
·
·
·

★

우리는 경쟁과 비교에 길들어 있다.

경쟁과 비교의 언어가 넘쳐난다.

시험성적이라는 한 가지 기준으로 등급을 매겼다.

IN서울과 아닌 대학으로 나누었다.

SKY와 아닌 대학으로 나누었다.

사회도 다르지 않다. 대기업과 중소기업으로 나눈다.

연봉으로 나눈다. 사는 곳으로 나눈다.

집이 있으냐 없느냐로 나눈다.

경쟁과 비교에 익숙하면 만나는 사람에 따라

우월감과 열등감을 느낀다.

대기업 사원이 되어도, 공기업 사원이 되어도, 공무원이 되어도

비교와 경쟁에서 벗어나지 못한다.

남보다 연봉 많이 주는 기업에 취업하고, 남보다 빨리 승진하고,
남보다 좀 더 큰 평수의 아파트에 살면 행복할까. 자유로울까.
아닌 것 같다. 상대평가의 세상에 있는 한 일등부터 꼴등까지
행복하지도 자유롭지도 않다.
2등부터 꼴등까지는 앞사람을 따라잡아야 한다.
추격자들로부터 자리를 지켜야 하는 일등도
언제나 스트레스 상황에 놓여 있다.

우리는 이미 나와 있는 정답을 맞히는 교육을 받았다.
대학조차 그러고들 있다.
주어진 문제를 잘 맞히는 학생을 수재라고 한다.
주어진 일을 잘해내는 회사원을 인재라고 한다.
상사가 원하는 대로 잘 해내는 사람, 상사의 의중을 잘 이해하는
사람을 핵심인재라고 한다. 핵심인재로 평가받았더라도
일이 주어지지 않으면 백수다.

자기 생각을 가진 사람, 자기 색깔을 가진 사람을
우리나라 기업은 별로 좋아하지 않는 것 같다.
자기 생각 없는 사람이 어디 있고, 자기 색깔 없는 사람이
어디 있을까. 다들 생각을 숨기고 색깔을 빼면서 살고 있다.
그렇게 자기가 아닌 사람으로 살면서 받는 대가는 크지 않다.
만족감도 낮다.
연봉이 천만 원 오르면 서너 달만 기분이 좋다고 한다.

중년 이후의 삶에 대한 상상은 갑갑하고 노후의 삶은 불안하다.
언제까지 흘러간 옛 이야기만 하고 있을 것인가.
현재 우리가 살고 있는 세상, 앞으로 우리가 살게 될 세상에 대한
통찰을 보여주는 좋은 강연이 많다. 세계적인 석학도 있고
기업가도 있다. 그 사람들은 학벌을 말하지 않는다.
변화와 기회를 말한다. 늘 있던 자리에 있어서 체감하지 못할
뿐이다. 변화가 일어나고 있는 현장을 경험해봐야 한다.
판이 바뀌고 있다. 사회가 재편되고 있다.

고정관념에 기회가 있다

●
.
.
.
.

★

회장님은 '소수가 뜨겁게 외치는 곳에 너의 기회가 있다'고
말씀하셨다.
뜨겁게 외치고 있는 사람들이 소수라면 다수는 차갑게 보고
있다는 뜻이다. 오해하고 있거나 고정관념에 사로잡혀 있거나.

"그게 뭔데?"
"그게 되겠어?"
"그런 건 하는 게 아니야."
나는 고정관념이 나의 시장이라고 생각한다.
사람들이 오해하는 만큼 성장할 수 있다.
모든 사람들이 다 알고 인정하는 분야라면
거기서 비즈니스의 기회를 찾기는 어렵다.
그런 분야는 자본이 큰 사람이 이긴다.

사람들이 모두 다 알고 인정하는 분야는 뜨겁게 경쟁하고 있는
곳이다. 자리는 한정되어 있고 들어가려는 사람은 많다.
공무원 시험을 보고 난 후 틀린 게 생각나면 낙방이라고 한다.
몇 점 차이에 무슨 능력의 차이가 그렇게 크다고,
한 사람은 다시 공시생이 되고 한 사람은 공무원이 된다.
모두가 서는 줄에 섰을 때 당해야 하는 불합리다.
경쟁은 이렇게 뜨겁다.
과열경쟁을 뚫고 난 이후에는 어떤 상황이 벌어지는가.

'지금 당신이 하는 일은 당신을 뜨겁게 합니까?
출근할 때 당신은 뜨거워지나요?'
돈을 엄청 많이 벌게 되면 그만둘 일은 하는 게 아니다.
'자본이 있으면 더 크게, 더 속도감 있게, 더 집중력 있게
할 수 있겠다' 싶은 일을 해야 한다.

오해와 고정관념의 틈 사이로 자신이 보는 게 있다면
그걸 키우는 게 낫다. 당연히 오해를 받는다.
대중들은 한심해하거나 경계한다. 자연스러운 과정이다.
기분 좋은 일은 아니다. 암웨이 사업이 딱 그렇다.
사람들 대부분이 암웨이 사업자를 만나면 경계부터 한다.

'나를 현혹시킬지도 몰라.'
지난 13년 동안 사업을 하면서 그걸 뚫을 수 있었던 것은
나의 확신이었고 뜨거움이었다.

오해의 찬물을 뒤집어쓸 때마다 같이 차가워지는 사람은
오래 버티지 못한다. 오히려 열기를 밖으로 뿜어내야
틈을 벌리고 자신의 세계를 구축할 수 있다.
그래서 같은 일로 뜨거워진 사람들과 함께해야 한다.
서로가 서로의 온도를 올리다보면
곧 주위의 온도가 올라가게 된다.

지식은 사람을 뜨겁게 만들지 못한다.
전달되는 것은 지식이 아니라 믿음이다.
나의 믿음이 상대방을 뜨겁게 한다.

마니아가 만 명이라면

•
·
·
·
·

★

다들 그렇게 살고 있다.
'무한 경쟁 사회'라며 경쟁하면서 사는 것을 당연하게 여긴다.
세상을 그렇게 보는 사람은 그렇게 산다.
하지만 그게 팩트는 아니다.
익숙한 경쟁의 세계를 선택한 사람이 많을 뿐이다.

나는 그렇게 살고 있지 않다.
나만의 세계를 만들어가고 있다.
나만의 콘셉트로 나만의 시장을 만들어가고 있다.
나는 다른 사업자와 경쟁하고 싶지 않다.

처음 이 사업을 시작할 때, 이미 해봤다는 사람들이 많았다.
하고 있는 사람들도 많았다.

그래서 너무 늦게 시작한 것은 아닌가 하는 불안감도 들었다.
하지만 암웨이 사업은 누구와 경쟁하는 일이 아니다.
다른 사람보다 잘해야 하는, 비교 우위가 중요한 일도 아니다.
자기 사업을 자기 속도로 꾸준히 구축해나가는 일이다.
레이스가 아니라 페이스로 승부하는 일이다.

다른 사람 1등 만들어주는 줄에서 벗어나보면 다른 세상이 보인다.
앞사람 뒤통수만 보면서, 뒷사람에게 쿡쿡 찔리면서 살 필요 없다.
세계관을 바꿔야 한다. 세계관을 바꾸려면 세상을 다르게 보는
사람들의 이야기를 들어봐야 한다.

'공무원 시험 준비해. 취직해야지. 안정적인 직장이 최고야.
결혼해야지. 애 낳아야지. 집 사야지.'
이런 거 말고 남들이 하지 않는 도전은 뭐가 있을지 찾아봐야
한다. 새롭게 도전할 수 있는 기회를 찾아야 한다.
왜 남들이 하지 않는 도전인가 하면 상대적으로 틈이 되게 많다.
내가 만들어가는 거니까 정답도 없다.
내가 만드는 것이 정답이다. 한 번 사는 세상인데,
젊은 사람들조차 너무 좁은 시야를 가지고 살고 있다.

새로운 세계로 가면 처음에는 당연히 혼자다.
하지만 외계인이 아닌 한 내가 좋아하는 것을
똑같이 좋아하는 사람들이 있다.
그리고 우리는 지금 초연결 사회에 살고 있다. 소문은 금방 난다.

스웨덴의 유튜버 '퓨티파이'는 게임방송을 한다.

연간 수입이 한화로 약 174억 원이다.

우리나라에도 먹방을 하는 '밴쯔'가 있고

장난감을 갖고 노는 '캐리'가 있다.

과거의 기준으로 보면 다 이상한 사람들이다.

하지만 지금은 다르다.

좋아하는 일을 하면서, 경쟁하지 않으면서 돈을 번다.

'그게 쉽겠어?'

쉽다고 말하지 않았다. 거기에 길이 있다고 했다.

유튜브만이 길이라고 하지 않았다. 분리되어 있던 개인과 개인이

고도로 연결되어 있는 사회를 말했다.

잘만 하면 대박난다고 말하지 않았다.

과거에는 불가능했던, 자기 자신을 마음껏 표현하면서도 얼마든지

생활이 가능한 시대가 도래했다는 것이다.

네트워크의 주인

●
⋮
⋮
⋮
⋮

★

경제에 관해 이야기할 때 4차 산업혁명이 접두사처럼 되었다.
너도나도 4차 산업혁명을 이야기한다.
'도대체 그게 뭐지? 어떻게 된다는 거지?'
궁금했다. 책을 몇 권 사서 읽었다. 인공지능, 빅 데이터,
블록체인 등등 기술의 현주소에 대한 분석은 대동소이하다.
이 기술들이 산업혁명을 일으킬 거라는 데 대해서도 비슷한
의견이다. 그런데 결론은 없다.
아무도 모른다, 아직 오지 않은 미래니까.
한 가지 확실한 것은
거대한 사회구조 변화가 일어날 거라는 사실이다.
기술의 발전보다는 사회구조의 변화에 관심을 가져야 한다.
말은 무성한데 아직 오지는 않았다면 우리는 지금 4차 산업혁명의
입구에 있는 것인지도 모른다.

'나도 모르고 내 친구도 모르고 전문가들도 모른다. 그렇다면
뭘 준비해야 하는지 결정되지 않았다. 대비할 것이 없다.'
변화를 외면하는 태도다.
아직 오지 않았지만 지금 여기에서 출발하는 것이 미래다.
지구 곳곳에서 그 미래를 만들어가고 있는 중이다.
꾸준히 정보를 습득하고 그것을 해석할 철학을 공부해야 한다.
2차 산업혁명 때 솜씨 좋고 성실한 가내수공업자가 망했듯이
혁명이 일어나면 기존에 대접받던 것들의 가치가
급격히 하락한다.
학벌보다는 학습력이 필요한 때다.

미래학자 토마스 프레이는 2030년 되면 20억 개의 일자리가
사라질 것이라고 예측했다. 12년 후다.
그러면 많은 직장인들이 일자리를 잃는다.
솜씨 좋고 성실한 가내수공업자처럼.
개인의 노력, 실력과는 아무 상관이 없다. 시대의 흐름이다.
토마스 프레이는 사라지는 것만 말하지 않았다.
그는 수많은 기존 직업이 사라질 것이지만 새로운 직업이
생길 것이라고 했다. 그 직업은 지금과는 다른 능력을 요구한다.
우리는 새로운 직업에 대한 공부가 되어 있지 않다.
우리가 받았던 과거의 교육이 미래에도 유용할지 의문이다.

나는 여러 변화들 중 초연결 사회를 만드는 네트워크에
주목하고 있다. 스마트폰 번호는 내 연락처다.

하지만 통신사 입장에서 보면 과금 번호다.
통신사가 설치한 네트워크를 이용하는 대가로 돈을 내지만
핸드폰 네트워크의 주인은 될 수 없다. 소비만 할 뿐이다.

유튜브는 다르다. 브랜드만 키우면 자기 네트워크를 가질 수 있다.
유튜브는 플랫폼을 제공할 뿐이다.
자신만의 콘텐츠로 네트워크를 가질 수 있다는 것이
내가 보는 초연결 사회의 핵심이다.
그게 꼭 유튜브일 이유는 없다.
연결이 되어 있고 자신만의 콘텐츠로 브랜드를 가진다면
새로운 기회를 발견할 수 있다.
영향력이 곧 돈이 되는 시대다.

Art thinking–
누구나 예술가로 살아갈 수 있다

●
·
·
·
·
★

레고 아티스트 네이선 사와야. 그는 어릴 때부터 레고를 좋아했다.

대학 기숙사에 갈 때도 레고를 가져갔다.

어른이 된 네이선 사와야는 변호사가 되었다.

여전히 레고를 좋아했다.

퇴근 후 동료들과 맥주를 마시는 것보다

레고로 자기가 상상하는 뭔가를 만드는 게 더 좋았다.

레고 아티스트가 되고야 말겠다는 각오는 없었다.

개인 웹사이트에 자기가 만든 작품을 올렸고

그걸 본 사람들이 주문을 했다.

그래서 점점 더 크게 만들 수 있었다.

그의 작품 중에는 10만 개 이상의 브릭을 사용한 것도 있다.

그의 전시회는 'CNN이 선정한 꼭 봐야 할 세계 10대 전시회'에

오르기도 했다. 한국에서도 전시회를 열었다.

그는 이렇게 말했다고 한다.

"아티스트일 때 최악의 날이 변호사일 때 최고의 날보다 행복하다."

플라워 아티스트 다니엘 오스트.

꽃과 나무로 무엇을 할 수 있는지 보여주는 사람이다.

그의 작품을 말로 설명하는 건 어렵고 무의미하다.

그는 '꽃 예술계의 피카소'로 불린다.

우리나라의 어떤 아이가 플로리스트가 되겠다고 하면

부모가 이렇게 말할지도 모른다.

"플로리스트? 꽃집을 하겠다는 거니?"

레고 아티스트 네이선 사와야

플라워 아티스트 다니엘 오스트

242

메이커 아티스트 테리 보더.

흔해 빠진 일상의 사물과 철사 그리고 기발한 아이디어를 결합해
사람들에게 즐거움을 주는 아티스트다. '씨리얼 킬러'
'늦은 후회' '땅콩좀비' 같은 작품들을 보면 빵 터진다.
그는 말했다. "제 작업의 의미는 발견의 기쁨을 사람들과
함께 나누는 데 있습니다."
그림, 음악, 디자인을 전공해야만 예술가적 사고를 할 수 있는 것은
아니다. 작은 분야라도 자기만의 색깔과 세계관으로 계속
키워나가면 유일한 자기만의 세계를 만들 수 있다.
이것이 아트 씽킹(Art thinking)이다.

우리나라의 초등학생이 뭘 만들고 있으면
부모가 이렇게 말할지도 모른다.
"뭐 하는 거니, 숙제 안 하고."
우리나라 청소년들은 연예인이 되고 싶다고 한다.
공무원이 되고 싶다고 한다. 의사가 되고 싶다고 한다.
부모들도 자식들이 그런 직업 갖기를 기대한다.
그러나 자녀의 장래를 설계하려는 부모들이 몇 가지 직업을 알고
있는지 궁금하다. 한국의 대부분 부모들은 자기가 모르는 진로를
자녀들이 이야기하면 그 일이 왜 어려운지부터 설명해준다.
하지만 부모들이 관심 가져야 할 부분은 일의 어려움이 아니라
자녀가 얼마나 그 일로 흥분되는지, 그 일에 대한 열정이
어떤지를 관심 있게 살펴보아야 한다.
차이는 그 일에 대한 자세에서부터 달라지기 때문이다.

유니크한 미래

●
.
.
.
.

★

상위그룹도 아니고 하위그룹도 아닌,
어정쩡한 성적을 받는 고등학생이 있다.
그는 만화가가 되고 싶다.
학교 공부보다는 만화를 보고 그리는 데 시간을 많이 보낸다.
엄마가 보기에 만화가는 수입이 많지도 않고
멋있는 직업도 아니다.
"너는, 고등학생이, 지금 만화 그릴 때야?"
이 말에는 고등학생은 공부를 해야 한다,
남들이 하는 걸 해야 한다는 전제가 깔려 있다.
이 친구는 만화가의 꿈을 접고 남들 하는 공부를 한다.
남들이 갖는 직업을 가진다.
대중들은 괜찮다고 하지만 그는 대중이 아니다.
만화가가 되고 싶은 또 다른 고등학생이 있다.

특히 전투만화를 그리고 싶다.

그래서 만화뿐만 아니라 전투, 무기 등과 관련된 책, 다큐멘터리,

영화를 두루 섭렵한다.

또래들이 하지 않는 일을 하는 것이다.

그는 남들이 하지 않는 경험을 하게 되고

남들이 갖지 못하는 감각을 가지게 된다.

그는 독특한 만화를 그리게 되고 마니아층을 형성한다.

누군가 따라 하려고 해도

그가 보여주는 퀄리티를 따라오지 못한다.

오랫동안 쌓아온 감각은 쉽게 뛰어넘을 수 없다.

"너 말고도 싸게 할 수 있는 사람 많아."

누구나 조금만 연습하면 할 수 있는 일을 하고 있다면 불안하다.

언제 대체될지 모른다.

분야의 최고 실력자라도 기계화가 될 수 있는 일이면 불안하다.

전투만화가는 대체가 안 된다.

그리고 그 분야에서 자기 브랜드를 가지면

그만큼 강력한 힘은 없다.

자기 세계를 만들어가고 거기서 자신이 하고 싶은 일을 하면 된다.

일상이 창작과정이 되는 삶, 나는 그게 자유로운 삶인 것 같다.

다수의 사람들이 남들 하는 걸 한다.

그리고 남들 가진 만큼 가진다.

그리고 남들처럼 된다.

안타깝게도 그것은 자신이 원하던 모습이 아니다.

성공한 사람, 남다르게 사는 사람들은 순서가 다르다.
먼저 자기가 살고 싶은 삶을 정한다.
그렇게 살기 위해 필요한 행동을 한다.
그러면 자기가 원하는 걸 갖게 된다. 이게 올바른 순서다.

자신의 미래를 정확하게 그리는 사람은
남들이 보기에 엉뚱한 짓을 많이 한다.
남들이 하는 행동은 하지 않고 남들이 하지 않는 행동을 한다.
눈치를 보지도 않는다. 그는 자신이 어디로 가야 할지 알고 있다.
그 길이 자신의 정한 미래와 연결되어 있다는 것을 안다.

26세에 암웨이 사업을 시작했다.
당시에는 그 나이에 시작하는 사람이 별로 없었다.
나는 젊어서 성공하고 싶었다. 젊은 리더가 되고 싶었다.
그래서 성공에 필요한 도구를 찾고 행동에 옮겼다.
대기업에 다니는 지금 내 또래의 직급은 보통 과장 정도일 것이다.
계속 회사에 다녔다면 나도 그 정도였을 것이다.
그 회사에 과장은 몇 명일까. 많을 것이다.
하지만 한국에서 암웨이 사업을 하는 2030 중에
트리플 다이아몬드는 나밖에 없다.
내가 특별하다는 게 아니다.
젊은 나이에 다른 선택을 하면 다른 결과를 만들어낼 수 있다는
것이다. 다른 선택이 중요하다.

시작할 때 반대가 많았다.

아버지는 "당신 혼자하면 됐지, 애까지 암웨이를 하게 만드냐?"고
하시면서 어머니를 탓했다.

친구들 중 응원해주는 사람은 한 명도 없었다.

내가 존경하는 회장님도 반대하셨다.

그때 반대하는 아버지, 오해하는 친구들, 걱정하는 회장님의
말대로 했다면 내 인생은 어떻게 되었을까?

결과에 대한 확신은 없었지만 내가 결정하고 내가 도전하고
내가 책임진다는 각오는 있었다.

그것이 나에게 큰 기회를 선물했던 것 같다.

나는 의상도 스피치도 내 느낌을 굉장히 중요하게 생각한다.

어떻게 보면 내가 진짜 원하는 삶은 성취를 통한 결과가 아니라
그 과정 자체를 즐기는 삶이기 때문이다.

암웨이 세계도 어찌 보면 굉장히 보수적인 곳이지만 개성 있는
리더가 많이 나올 때 이 세계도 확장될 수 있다고 믿는다.

유니크한 자신의 미래를 선택하고 무언가를 행동에 옮길 때
반대하는 사람이 없다면 뭔가 문제가 있을 가능성이 높다.

남들이 하지 않는 행동은 오해를 살 가능성이 높기 때문이다.

오해가 싫으면 그냥 남들처럼 살면 된다.

시대와의 관계 맺기

●
·
·
·
·

★

두바이를 모르는 사람은 거의 없다.
하지만 두바이를 포함해 아랍에미리트를 구성하는
나머지 6개 토후국을 아는 사람은 많지 않다.
두바이는 어떻게 다른 토후국과 달리 세계인들에게
자신을 알릴 수 있었을까?
두바이는 왜 세계인들에게 자신을 알렸을까?

지금도 그렇지만, 두바이는 가난한 나라가 아니었다.
진주가 있었고 석유가 있었다.
그런데 왜 사막에 세계 최고의 건물을 짓고, 실내 스키장을 만들고,
세계 최대의 인공섬을 건설하는 모험을 했을까.
실제로 2008년 글로벌 금융위기 때는 한 번 휘청하기도 했었다.
거대한 변화를 감행한 이유는

미래에 대한 지도자의 통찰이 있었기 때문이다.

'나의 아버지는 낙타를 탔다. 나는 벤츠를 탄다.
내 아들은 랜드로버를 탄다.
하지만 그 아들의 아들은 다시 낙타를 타게 될 것이다.'
지금은 자원 덕분에 부유하게 살지만 자원이 고갈되면 다시
가난해질 거라는, 어떻게 보면 간단한 생각이다.

셰이크 모하메드는 최고, 최대, 최초라는 콘셉트로 황량한 사막을
세계 최고의 비즈니스 도시, 관광의 도시로 변화시켰다.
2017년 인구 300만 명인 두바이에
1,600만 명의 관광객이 다녀갔다고 한다.
나는 두바이에 세 번 다녀왔다.
갈 때마다 그 규모와 화려함보다는
이 변화를 만들어낸 리더의 생각에 감동한다.
자기 나라의 운명을 바꾼 리더의 통찰과 용기에 감동한다.
그리고 나에게도 질문을 던진다.
'5년 후, 10년 후 내 인생에서 무엇이 부족해질까?'
그것을 알기 위해, 부족해질 것에 대비하기 위해
운동하고 책을 읽고 사람을 만나고 있다.
현재 자신을 먹여 살리고 있는 어떤 것이 5년 후,
10년 후에도 유효한가.
5년 후, 10년 후에도 기대할 만한가.
아니라면 인생을 다시 기획해야 한다.

건물이든 나무든 지금 뭔가를 심어야 한다.
미래의 세상은 지금과는 다른 능력을 요구할 것이다.

시대는 변한다. 이건 누구도 부인하지 못한다.
변화라는 것이 새로운 건물이 생기고 새로운 길이 뚫리고
새로운 유행이 생긴다는 것만을 뜻하지는 않는다.
지금 서 있는 자리가 좁아지고 초라해진다는 의미다.
심하면 없어진다는 의미다.

오래된 국도를 지나다보면 폐업한 주유소가 보일 때가 있다.
그 지역을 지나는 차량의 통행량은 줄어들지 않았다.
다만 새로운 길이 뚫렸을 뿐이다.
시대는 변한다. 그러나 그 변화가 개개인을 바꾸지는 못한다.
시대는 변화를 강요하지 않는다. 시대는 냉정하다.
시대는 자신을 따라오지 않는 사람은 내버려두고 자신의 길을 간다.
시대와의 관계 맺기에 성공하고 있는지, 아니면 관계가 깨지고
있는지 알려면 지난 1년간을 되돌아보면 된다.
익숙한 곳에만 있었다면 이미 관계가 깨지고 있는 것이다.
오래된 도로의 주유소처럼 녹슬고 있는 것이다.

그냥 변화하지 못한다. 낯선 환경을 찾아나서야 한다.
변화할 수 있는 환경을 찾고 움직여야 한다.
그래야 시대와 '불화'하고 있는 자신이 드러난다.
그래야 변화할 수 있다.

일에 대한 해석이
업의 본질을 결정한다

●
.
.
.
.

★

손두부를 좋아하는 사람은 여러 손두부들 중 입맛에 맞거나
저렴한 것을 고른다. 연두부를 좋아하는 사람도, 순두부를
좋아하는 사람도 입맛과 가격을 기준으로 고른다.
입맛과 가격의 차별성은 크지 않다. 거기서 거기다.
좀 거칠게 말하면 그냥 눈에 보이는 두부를 구매한다고 해도 될
것 같다. 콩으로 만든 허연 색깔의 직육면체는 뻔하고 지루하다.
그런데 사나이다운 두부라니.
맛있는 두부가 아니라 멋있는 두부라니.

이토 신고는 아버지의 두부 공장을 물려받았다.
지루하고 뻔한 두부는 싫었다.
가격 경쟁을 하는 두부 시장에 들어가고 싶지 않았다.

그는 두부에 캐릭터를 부여했다. 두부에 재미를 부여했다.

오토코마에두부는 일반 두부의 3배 가격이다.

그래도 잘 나간다.

오토코마에두부는 다른 두부와 경쟁하지 않는다.

두부 중 하나가 아니라

오토코마에두부 그 자체로 고유명사가 되었다.

아이폰이 휴대폰이 아니라 그냥 아이폰으로 불리는 것처럼.

지루하고 뻔한 것은 없다. 지루하고 뻔하게 해석하는 것뿐이다.

'태양의 서커스'를 좋아한다.

'촌스럽게 무슨 서커스야?'

네 번을 봤다. 볼 때마다 감동이다.

태양의 서커스 이전에 서커스는 한물간 이미지였다.

하지만 태양의 서커스는 지루했던 서커스에 스토리를 넣고,
최첨단 기술들을 도입해
이전과는 완전히 다른 공연을 만들어냈다.
서커스에 대한 관심은 사라지지 않았다.
신기한 볼거리에 대한 욕구는 사라지지 않았다.
'서커스'라는 단어가 오래되었을 뿐이다.
천막에서 하는 허접한 서커스는 더 이상 신기하지 않다.
하지만 이야기와 연출이 가미된
세련된 형식의 서커스는 신기하다.
태양의 서커스가 변화하지 않는다면 그것 역시 식상한 것이 된다.
아무리 새로운 것이라도 반복하면 오래되고 지루한 것이 된다.
아무리 오래되고 지루한 것이라도
다르게 해석하면 새롭게 바꿀 수 있다.

마스다 무네아키는 사양산업인 서점을 새롭게 해석했다.
우리나라 사람들처럼 일본인들도 인터넷 서점에서 구매한다.
책을 팔자고 한다면 인터넷 서점과 경쟁해야 한다.
하지만 마스다 무네아키가 해석한 서점은 달랐다.
츠타야 서점은 라이프 스타일을 제안하는 공간이다.
요리책 코너에는 식기와 식재료가 있고,
여행책 코너에서는 기차나 비행기의 티켓을 끊을 수 있다.
스포츠 코너에 가면 자전거, 테니스 용품 등을 같이 판다.
사람들에게 여행이라는 세계, 요리라는 세계를 소개하는 것이다.

어떤 일이든 뻔하고 지루하게 할 수 있다.

반대로 어떤 일이든 새로운 해석을 한다면 전혀 다른 일이 된다.

오토코마에두부, 태양의 서커스, 츠타야 서점에는 기획자의

세계관이 들어가 있다. 두부에, 서커스에, 서점에 자신의 세계관을

입힌 것이다. 그래서 독특하고 새롭다.

'암웨이? 다단계? 네트워크 마케팅? 식상하지 않냐? 뻔한 거 아냐?'

'공무원? 복지부동? 영혼 없음? 답답하고 지루하지 않냐?'

나에게 암웨이 사업은 제품을 전달하고 사람들에게 사업을

소개하는 일만은 아니다. '정말 멋진 사람들이 인생을 바꿔나가는

새로운 라이프 스타일 플랫폼'이다.

그래서 철인3종 경기에도 참가하고, 일본에 농구대회도 하러 가고,

클래식이 있는 비즈니스 세미나도 한다.

나는 우리 팀을 다양한 콘텐츠가 있는 공동체로 만들려고 한다.

'사람은 여러 경험과 도전을 통해 성장할 수 있다.'

이것이 내가 암웨이 사업에 입히고 싶은 세계관이다.

암웨이 사업을 통해 이 세계관을 실행하고 증명해 나가려고 한다.

이 과정에서 나만의 스토리가 만들어질 것이다.

새로운 해석은
레벨업이 필요하다

●
·
·
·
·

★

비싸게 산 구두가 맞지 않을 때가 있다.

좀 불편해도 새 구두라서 그런가보다 한다.

도저히 환불할 수 없을 정도의 시간이 지나야

발과 구두가 맞지 않는다는 것을 알게 된다.

두 가지 선택이 있다.

돈이 아까워서 그냥 신거나, 다른 구두를 사거나다.

이런 위험에 빠지지 않는 방법이 있다.

맞춤 구두를 사는 것이다.

내 발 사이즈는 277mm지만

기성품은 275mm이거나 280mm이다.

발바닥의 모양에 따라 압력을 받는 부위도 조금씩 다르다.

'특별한 나의 발'에 맞는 '특별한 구두'를 맞춘다면

훨씬 더 멀리 걸어갈 수 있다.

자신에게 딱 맞는 일을 찾는 방법도 구두를 맞추는 것과
다르지 않다. 신입생 때부터 진로를 고민한다.
세상에 나와 있는 직업들 중 나에게 맞는 일은 무엇일까
고민하고 걱정한다.
'시간과 비용을 들여서 취업을 했는데 나랑 안 맞으면 어떡하지?'
모든 직장은 기성품이다.
기성품의 프레임에 자신을 맞추려니 힘들고 괴롭다.
'인내심 강한' 사람들은 힘들고 괴로운 상태에 자신을 적응시킨다.
그렇게 인생을 보낸다.

하지만 같은 직장에서 같은 일을 해도
자신의 세계관을 입히고 새롭게 해석하면 일이 달라진다.
비로소 업의 세계로 들어가는 것이다. 맞춤구두 같은 일이 된다.
직장은 들어가는 순간 고민이 끝난다.
직업은 선택하는 순간 고민이 시작된다.
직장에서는 주어진 일을 하고 그만큼 월급을 받는다.
업의 세계에서는 내 인생을 걸고 무언가를 이뤄나간다.
새로운 해석을 했다고 다 해결되지 않는다.
오히려 더 힘들 수도 있다.
새로운 해석을 실현하려면 새로운 방법이 필요하다.
다른 길로 가야 한다.

당장 방법이 보인다면 새로운 길이 아니다.

도약이 필요하다.

우리나라 사람들, 특히 젊은 사람들은 아이디어가 굉장히 많다.

그런데 실행에 옮기는 사람은 적다.

아이디어를 현실에서 완성하는 사람은 더 적다.

창업지원센터에 스타트업을 신청하는 사람은 많은데

끝까지 가는 사람은 드물다고 한다.

사업성이 떨어질 것 같아서,

남들이 인정해주지 않을 것 같아서 포기한다.

처음에는 거창하게 시작하지만 용두사미가 많다는 말이다.

남들이 생각하지 못한 콘셉트를 생각해내고도

시작을 못하는 사람들은 두려움이 많다.

선택을 제대로 하는 것일까 하는 두려움이다.

그래서 남들이 하는 선택을 한다.

맞춤구두를 기획했으면서 '좀 불편해도 기성품이 안전하지

않겠어'라며 뻔한 선택을 한다.

잠깐 생각해봐도 아이디어를 실행하고 완성하기까지

넘어야 할 산들이 보이기 때문에 두려운 것이다.

도저히 넘을 수 없을 것 같은 험준한 산맥이 보이는 것이다.

산맥은 상상의 산물만은 아니다.

실행을 하다보면 상상보다 더 높을 수도 있다.

그런데 '높고 험한' 산의 기준은 무엇인가.

현재의 역량이 산의 난이도를 결정한다.

역량을 키우려면 시행착오를 쌓아가는 일정한 시간이 필요하다.

어느 순간 도약이 일어나는데 그것은 그 이전에는 상상하지
못하던 수준이다. 다른 레벨로 넘어가는 것이다.
도약은 계단을 올라가듯이 만들어지는 게 아니다.
어느 순간 임계점을 넘으면 한순간에 일어나는 것이 도약이다.
이전과는 다른 내가 된다. 이걸 알면 당장 결과가 나오지 않아도,
당장 방법이 보이지 않아도 계속 시도할 수 있다.
시행착오의 축적이 필요하다.

시행착오의 축적이
도약을 만든다

공업고등학교를 졸업하고 엔지니어로 12년 동안 일하고,
무역회사를 5년 동안 운영했던 한 남자가 있다.
그러다가 로마에서 관광 가이드를 하고 있던 친구에게
같이 일해보자는 제안을 받았다.
2개월 동안 바티칸 박물관 투어를 따라다니며 공부를 시작했다.
그리고 작품설명을 하는 사람들이 자기들 위주로만 설명한다는
것을 알게 되었다. 쉽고 재미있게 작품을 설명하고 싶었다.
그의 작품설명은 한국 관광객들에게 인기를 끌었다.
7개월 동안 4,000명이 넘는 사람들이 그의 해설을 들었다.

이후 그는 파리로 옮겼다. 다시 작품 공부를 시작했다.
책값만 1,500만 원이 들었다. 그의 해설은 소문이 났다.
하루에 수십 명, 많게는 100명이 그의 안내를 받으며
루브르 박물관이나 오르세 미술관을 방문한다.
그는 루천남, 루브르를 천 번 이상 방문한 남자 고(故)윤운중 씨다.
그는 박물관 가이드의 역할에 대한 새로운 해석을 했다.

처음부터 잘했을까.

이론 공부를 하고 사람들을 만나고 거듭거듭 박물관에 가는

경험의 누적이 도약을 만들어냈을 거라고 생각한다.

그는 새로운 도전과제를 설정했다.

미술도 얼마든지 재미있다는 것을 박물관에 오는 사람들뿐 아니라

'대중'에게 보여주는 것이다.

암웨이 사업도 사업설명이라는 걸 해야 한다.

그런데 이걸 못해서 힘들어하는 사람들이 많다.

어떤 비즈니스 미팅에서 누군가 물었다.

"어떻게 당신처럼 두려움을 안 가지고 자신 있게

이 사업을 권할 수 있나요?"

"백 명한테만 사업설명을 하면 돼요."

사업을 시작했다가 중도에 포기하는 사람들은

사업설명을 많이 하지 않는다는 공통점이 있다.

이 사업은 시작하는 것도 자유고 그만두는 것도 자유다.

때문에 사업을 포기한다는 것은 그리 특별한 일이 아니다.

하지만 본인이 진짜 원하는 것이 있고 할 의지도 있는데

그만두는 것은 몇 번 거절당한 다음에 머릿속으로만 고민하다가

힘들겠다는 결론을 내리기 때문이다.

거절은 누구에게나 힘들다.

알던 사람들에게 오해를 받는 것도 힘든 일이다.

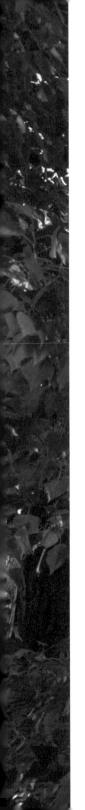

나도 마찬가지였다.

그들보다 특별히 의지력이 강한 것도 아니고 거절을
아무렇지도 않게 넘길 만큼 얼굴이 두껍지도 않았다.
나는 그들의 반응에 집중하지 않았다.
내가 하는 행동 자체에 집중했다.
거절하는 것은 그들의 자유, 사업설명을 하는 것은 나의 자유.
그렇게 많은 사람들에게, 다양한 상황에서 사업을 설명했다.
그러다가 어느 순간 내가 상황에 맞게, 상대방에 따라 굉장히
효과적으로 커뮤니케이션하고 있다는 것을 알게 되었다.

직장인에게는 직장인의 니즈에 맞게,
자영업자에게는 자영업자의 니즈에 맞게.
초기에는 설명만 하고 커뮤니케이션을 하지 못했었다.
사람은 다양하다. 그러나 백 명에게 사업설명을 하고 나면,
거기에서 벗어나는 경우가 거의 없다는 것을 알게 된다.
시행착오의 축적이 가져온 도약이다.

도약을 하면 예전에는 어렵던 일들을 효과적으로,
어렵지 않게 할 수 있다. 하지만 더 놀라운 건
도약 이후에 나타나는, 이전에는 보지 못했던 광활한 세계다.
'이런 세계도 있었구나, 내가 이런 역할도 할 수 있구나' 하는
세계관의 도약이 일어난다.
다른 수준의 인생이 펼쳐진다.

당신을 지지해주는
환경을 찾아라

시행착오의 축적이 도약을 가져온다. 그러나 시행착오는 실패다.
다시 말해 시행착오의 축적은 실패의 축적이다.
'거듭되는 실패에도 불구하고 계속 도전하라.
포기하지만 않는다면 그것은 시행착오일 뿐이다.'
맞는 말이지만 현실은 다르다.
실패는 인간에게 엄청난 스트레스를 준다.
특히 자신이 중요하게 생각하는 부분에서의 실패는 몹시 아프다.
그런 스트레스 상황을 피하고 싶은 것이 인간의 자연스러운
반응이다. 다수의 사람들이 도약을 만들어낼 만큼의 시행착오를
하지 못하는 이유다.

개인적인 스트레스와 함께 주위 사람들이 주는 압박감도
만만치 않다. 꾸역꾸역, 정말 힘들어하면서도 출근하는 자녀
혹은 형제 혹은 친구에게 사람들은 말한다.
'책임감이 있다. 인내심이 있다. 고진감래, 좋은 날이 올 거다.'
뭔가 새로운 아이디어를 완성하기 위해 도전을 하면서
결과를 내지 못하는 사람에게는 이렇게 말한다.
'그만둬. 안 되는 일이야. 그냥 취업해. 언제까지 그럴래?'
이런 환경에서 시행착오의 축적을 계속 할 수 있는 사람은
아주, 아주 드물다.

바이올리니스트 정경화는 자신에게 실수할 기회를 주라고 말한다.
실수하지 않으면 성장하지 못한다고 한다.
한번은 콩쿠르에 나갔는데 예선에서 떨어졌다.

이불을 뒤집어쓰고 누워 있는데 어머니가 너무나 밝게 말했다.
"석 달 후에 다른 오디션이 있는데 거기서 일등하면 돼."
그는 벌떡 일어나서 연습을 시작했다.
"잘한다. 대단하다."
거장 정경화가 어머니에게 수억 번을 들었다는 말이다.
그런데 그 말을 들을 때마다 도움이 되었다고 한다.

매일 만나는 가족이 지지해주지 않으면 오래 지속하기 힘들다.
자주 만나는 친구들이 한심하게 생각하면 오래 지속하기 힘들다.
우리들 대부분은 모두가 반대해도 자신의 신념을 꺾지 않았던
역사 속 위인이 아니다. 우리는 지지가 필요하다.
응원이 필요하다. 인정이 필요하다.
주위 환경이 그렇지 않다면 그런 환경을 찾아야 한다.
우리의 도전을 지지해주고 응원해주고 인정해주는 환경 속에
있어야 한다. 같은 일을 하는 동료들과 같이 있든지, 서로 다른
일이지만 뭔가 새로운 것을 만들려는 사람들 속에 있든지,
이미 새로운 것을 만든 경험이 있는 사람 옆에 있든지.

'자신에게 실수할 기회를 주어라.
시행착오를 축적할 수 있는 환경을 찾아라.'

반전이 매력이다

●
·
·
·
·
·

★

나는 반전을 좋아한다.

사람들을 놀라게 하는 걸 좋아한다.

사람들에게 재미와 즐거움을 주고 싶다.

사람들이 즐거운 걸 보면 즐겁다. 웃겨서 즐거운 게 아니다.

사람들의 내면에 있는 욕구, 주목 받고 싶은 욕구를

대리만족 시켜주는 것이다.

그래서 스피치 할 때 춤을 추며 등장하기도 한다.

옷도 튀게 입는 편이다.

강의도 형식에 구애받지 않고 '내가 하고 싶은 얘기를 그냥 한다.'

누군가는 나를 보고 '색다른 다이아몬드'를 꿈꿀 것이다.

그런 모델이 되기를 바란다.

다양한 꿈을 봐야 자기 꿈을 꿀 수 있듯이

다양한 다이아몬드를 봐야 자기만의 다이아몬드를 꿈꿀 수 있다.

다이아몬드가 되는 것 자체는 성공이 아니다.
성공은 정해진 하나의 모델이 아니다.
100명이 사업을 하면 100개의 성공이 있다.
자신만의 스타일대로 연출해나갈 수 있는 자유를 얻는 것이
성공이다. 이것이 사업을 결정하고 시작하는 과정에서
나를 설레게 했고 가슴 벅차게 했다.
그 흥분은 지금도 지속되고 있다.

누구나 한 번 태어나서 한 번 죽는다.
그 사이를 어떤 삶으로 채울 것인가가 중요하다.
이미 태어났고 죽는 건 결정되어 있다.
그 사이에 얼마나 다양한 가능성이 있는지 알아야 한다.
삶은 모험이자 탐험의 과정이다.

오답이 정답일 수 있다

암웨이 사업을 한다고 했을 때 모든 사람들의 상황은
나와 다르지 않았을 것이 틀림없다.
응원해주는 사람은 없고 반대하는 사람밖에 없었을 것이다.
그들의 말이 틀렸음을 증명하려면 젊은 나이에 시작해
성과를 낸 실제 사례가 필요하다. 그런 것이 희망이 된다.

사업을 시작할 때만 해도 상상조차 하지 못한 일이다.
그저 빨리 자리를 잡고 싶었다.
내 삶을 만들어나가는 것만도 힘겨웠다.

지금은 세계 여러 나라에서 암웨이 사업을 하는 리더들이
나를 좋아한다. 이른 나이에 기존과 다른 느낌을 가지고
성공한 사례를 보고 싶은 거라고 나는 생각한다.

나는 작게는 암웨이에서 희망의 증거가 되고 싶다.
크게는 '다들 그렇다고 하던데'의 세상에
균열을 내는 사람이 되고 싶다.
세상은 지금 폭발적인 변화의 시작 지점에 있다.
어떤 일이 벌어질지는 아무도 모르지만
거대한 변화가 일어날 것이라는 데는 다들 동의한다.

그리고 사람들 속에는 터지려고 하는 에너지가 응축되어 있다.
그런데도 다수의 사람들은 과거의 방식으로 세상을 보고,
과거의 방식으로 살아가고 있다. 가능하지도 않고,

바람직하지 않은 삶이다. 단언컨대 원하지도 않는 삶이다.
그저 집단의 압력에 굴복하고 있을 뿐이다.

어떻게 하면 점화를 기다리는 에너지에 불을 붙일 수 있을까.
오답일지언정 다른 답을 말하는 사람이 있으면 된다.
단 한 명이라도 다수와 다른 답을 말하는 사람이 있으면
자기 생각을 말할 확률이 95퍼센트까지 올라간다.
동조효과 실험에서 내가 주목하는 부분이다.

나는 '오답'을 말하는 사람이 되고 싶다.
'이 길 말고 다른 길도 있었네'라는 것을
보여줄 수 있는 사람이 되고 싶다.
많은 사람들이 내 뒤를 따라오는 건 재미없다.
나를 증거로 삼아 각자 자신의 길을 만들어나가기를 바란다.

《탁월한 사유의 시선》

-최진석

내가 가지고 있던 철학서에 대한 관념을 깨뜨려준《탁월한 사유의 시선》. 생각하는 만큼 볼 수 있고, 보는 만큼 행동하며, 행동하는 만큼 살 수 있다는 저자의 말이 나에게 큰 힘과 용기를 주었다. 생각의 노예에서 생각의 주인으로, 익숙한 나를 버리고 원하는 나로 살라는 저자의 말이 내 머릿속에 박혔다.

선진국과 중진국의 차이는 무엇일까?
중진국은 성실과 노력으로 이루어질 수 있다. 하지만 선진국은 노력만으로는 되지 않는다. 삶의 관점, 주위 사람에 대한 태도, 본인 일에 대한 의미, 사회에 대한 영향력 등 많은 가치 기준들에 대한 이해가 필요하다.
많은 사람들이 갔던 길을 따라가는 건 재미가 없다. 결코 부정할 수 없는, 따라야 할 것도 있지만 바꿀 수 있는 것도 얼마든지 있다. 선도력으로 새로운 장르를 만들어야 일류다. 남들 하던 대로 하면 일류가 아니라 이류다. 수입을 늘리는 데 좀 더 집중할 수 있다. 그러면 수입이 더 늘기도 할 것이다. 하지만 재미없다. 가슴 뛰게 하지 않는다.

나는 새로운 스타일의 암웨이를 만들고 싶다. 그래서 선도력이 필요하다. 철학적 사고와 높은 안목이 있어야 선도력을 가질 수 있다. 내가 만든 길에 매력을 느끼고 따라오는 사람들이 많아지면 나는 하나의 장르가 될 것이다.

선도력은 자기 기준으로 움직이는 힘이다. 후발 주자는 남의 기준으로 움직인다. 내가 살아갈 나의 인생이다. 내 기준을 가지고 나의 주인으로 내가 원하는 대로 살아야 한다. 이것을 인식하는 순간 자유를 만날 수 있다.

I CAN
choose my life

★

7장

나는 내 인생을 선택할 수 있다

생각은 보이지 않는다

●
.
.
.
.

★

중고등학교 때의 나는 '학구파'였다.
중학교 때는 전교 1등도 했고 고등학교 때도 내신 1등급이었다.
누구도 성적으로 압박하지 않았는데도 쉬는 시간이면
수학 문제를 풀고 영어 단어를 외웠다. 그렇게 6년을 보냈다.
공부를 잘하면 좋은 직장에 갈 수 있고 그러면 성공할 수 있다는,
지금은 전혀 동의하지 않는 상식이 내 머리에 자리 잡고 있었다.

이 상식은 나 혼자 생각해낸 것이 아니다.
주위의 누군가에게 들은 이야기다.
자영업을 하는 부모님을 포함해
공부 이외의 다른 길을 아는 사람이 주변에 없었다.

왠지 경영학과가 멋져 보였다. 학교는 당연히 서울대였다.

서울대 경영학과 외에는 달리 생각해본 적이 없었다.
그런데 수능을 망쳤고, 재수는 절대 안 된다는 부모님의 뜻에 따라
연세대 경영학과에 들어갔다.
연세대가 문제가 아니라 목표로 했던 서울대에 못 갔기 때문에
공부를 통한 성공의 행로에서 한 발 미끄러진 느낌이었다.
중고등학교 6년을 쏟아부은 결과는 실패였다.
스무 살 인생 중 가장 커다란 실패라 생각했고,
그 낙오자의 맨홀에서 오래도록 있었다.

그런 스무 살의 나를 나이트클럽에 데려가는 친구가 있었고
나는 내 안의 '날라리'를 발견했다.
일주일에 두 번 이상 나이트클럽에 갔다.
노는 게 너무 재미있었다.
용돈으로는 부족해서 부모님 몰래 과외를 해가며
나이트클럽에서 춤을 췄다.
그렇게 1년이 지난 다음에야 알았다.
내 몸은 춤을 잘 춰도 각이 나오지는 않는다는 것을.
한창 인기 있던 댄스가수 같은 각이 나오려면, 적어도
나이트클럽에서 사람들의 주목을 받으려면 몸을 바꿔야 했다.
멋지게 춤추는 사람 중에 뚱뚱한 사람은 아무도 없었다.
그래서 다이어트를 시작했다.

거울에 비친 내 모습은 매일 조금씩 근사해져 갔다.
넙데데하던 얼굴은 갸름해졌고 지방이 출렁거리던 곳에는

근육이 생겼다. 복근도 탄탄하게 자리를 잡았다.

6개월 동안 20킬로그램을 뺐다.

그런데 전혀 기대하지 않았던 변화가 내 안에서 일어났다.

스스로에 대한 기대치가 높아졌다.

체지방이 줄어들었을 뿐인데 전혀 다른 멘탈이 되었다.

그리고 눈빛이 달라졌다.

성공가도에서 한 발 미끄러져 있던 스물한 살 청년이었던 내가

원하기만 하면 무엇이든 해낼 수 있는 사람으로 바뀌어 있었다.

자신감이 생겼다.

아침마다 거울을 보며 나를 격려하기 시작했다. 넌 특별하다고.

자신에 대한 기대감이 낮은 사람들이 말하는 행복을 믿지 않는다.

행복이 아니다. 도피일 뿐이다.

사실 자신에 대한 기대감이 낮은 사람은 없다.

행동하기 싫어서, 변화하기 싫어서, 실패할까봐 두려워서

기대를 낮춘 것이라고 나는 생각한다.

자신에 대한 기대감, 자기 삶에 대한 기대감을 높이는 것이

변화의 시작이다.

떨어진 자존감을 높이는 방법은 여러 가지가 있다.

크고 작은 성공의 경험을 만들 수도 있고

심리학의 도움을 받을 수도 있다.

믿고 지지해주는 사람을 곁에 두는 것도 효과가 있을 것이다.

그보다 더 확실한 방법이 몸을 만드는 것이다.

셀프이미지의 극적인 변화를 원하면
몸을 극적으로 변화시키는 편이 빠르고 확실하다.

생각은 여러 갈래다.
짜장면과 짬뽕 사이에서도 헷갈리는 것이 생각이다.
하나의 생각이 달려 나가려고 하면 다른 생각이 발목을 잡는다.
몸은 하나다. 내 생각은 보이지 않는다. 내 몸만 보인다.
생각은 수시로 생겨났다 흩어지지만 몸은 늘 그 자리에 있다.
그리고 우리는 매일 자신의 몸을 만난다.
몸이 곧 내 자신이다.
내 몸을 바꾸면 생각은 따라올 수밖에 없다.

몸은 내 삶에 대한 자세다

●
·
·
·
·

★

나는 체력적 열세를 정신력으로 극복하라는 말을 좋아하지 않는다.
강력한 정신력으로 무장한 조기축구회가 프로팀을 이길 수 없다.
반드시 이겨야만 하는 이유가 있다고 해도 결과는 달라지지
않는다. 승패를 가르는 요인은 체력과 기술이다.

정신력으로 체력적 열세를 극복하는 사례들이 있긴 하다.
하지만 그것도 수준 차이가 크지 않을 때이고
드물게 일어나는 일이다.
정신력으로 어려움을 극복하는 모습은 짜릿한 감동이지만
일상에 적용하지는 못한다.
그래서 '불굴의 정신력' 따위는 신뢰하지 않고 의지하지도 않는다.

나는 내 몸을 믿는다. 좀 더 구체적으로 말하면 내 몸에 들인 노력,

내 몸의 주인이 되었던 경험을 믿는다.
성공을 위해 결단을 내릴 때 결국 주체는 자기 자신이다.
결정적인 순간에 누구를 믿을 것인가. 자기 자신밖에 없다.
자신에게 배팅할 만큼 자신에 대한 믿음이 있는가.
자신을 믿지 못하는 사람은 주위 사람들에게 물어본다.
그들의 말에서 포기할 근거를 찾는다.
그리고 인생을 '힐링'시켜줄 핑계를 찾는다.

20년 동안 꾸준히 내 몸을 관리하고 있다.
내로라하는 몸짱은 아니지만 일주일에 세 번,
1시간에서 1시간 반 동안 웨이트와 유산소 운동을 한다.
내 몸을 관리할 수 있다는 것은
나의 욕구를 컨트롤할 수 있다는 것이다.
욕구를 컨트롤할 수 있다는 것은 내가 주인이 된다는 말이다.
이것이 내 삶을 지탱하는 중심이다.

내가 만난 부자들은 절제력이 강했다.
절제력은 체력단련에서부터 시작된다.
나는 젊은 친구들을 대상으로 하는 강의에서 자주 말한다.
"오늘 내가 한 이야기 다 잊어버려도 좋아요.
그러나 단 한 가지, 몸만 바꾸세요. 운동을 시작하세요."
하지만 실천에 옮기는 사람은 그리 많지 않은 거 같다.
그러니 성공이라는 공간이 얼마나 많이 남아 있는가.
좋다고 생각하는 것을 바로 실천에만 옮겨도

평균보다 훨씬 더 앞서게 된다.
몸짱이 되라는 게 아니다. 불필요한 체지방을 제거하고
적당히 근육운동을 해서 몸을 레벨업시키라는 것이다.

몸은 정신을 담는 그릇이다. 몸이 없으면 생각도 없다.
업그레이드된 정신의 그릇, 즉 업그레이드된 몸이 무슨 생각을 하고
세상을 어떻게 바라보는지 경험해보라는 것이다.

조깅 30분이 기분을 어떻게 바꾸는지는
뛰어본 사람들은 누구나 알고 있다.

의지는 진심이 아니다

●
．
．
．
·

★

여러 차례 몸만들기에 실패한 사람은
다시 결심하는 것조차 두렵다.
실패로 인한 좌절감을 다시 맛보고 싶지 않기 때문이다.
하지만 진짜 좌절하는 이유는 실패 그 자체가 아니다.
몸 만들기를 포함해 어떤 도전을 할 때
사람들은 자신의 의지를 시험대 위에 올려놓는다.

'진심으로 원한다면 어떤 고난이 있더라도 이겨내야지.
진심으로 원하지 않으니까 중간에 포기하는 거야.'
강한 의지란 곧 진심이라고,
진심은 변하지 않는 것이라고 생각한다.
변한다면 진심이 아니라고 착각하는 것이다.
이 착각이 좌절감을 만들어낸다.

반복적인 좌절감은 진심을 바꾼다.

사랑하는 연인이 있다.
그런데 한 사람이 직장 때문에 미국으로 가게 되었다.
서로의 밤과 낮이 반대인데다 두 사람 다 너무 바쁘다.
두 사람의 관계는 얼마나 지속될 수 있을까.
만나고 싶을 때 만나지 못한다.
손잡고 싶을 때 잡지 못한다. 위로 받고 싶을 때 옆에 없다.
욕구를 채우지 못하는 좌절이 반복되면
두 사람의 관계는 곧 심드렁해진다.
그렇다고 그들의 사랑은 사랑이 아니었다고 말할 수 있을까.

사람들은, 특히 젊은 사람일수록 어떤 환경에서도 변하지 않는
로미오와 줄리엣 같은 사랑을 꿈꾼다.
하지만 눈에서 멀어지면 마음에서도 멀어지는 것이
자연스러운 반응이다.
불굴의 의지로 모든 역경을 이겨냈다는 이야기는 판타지다.
역경을 이겨내는 것은 의지가 아니라 수단이다.

바위를 깨는 것은 의지가 아니라 도구와 근육이다.
의지는 바위를 깨야 할 이유이지 직접적으로 바위를 깨지 못한다.
의지는 그것을 현실로 만들 도구가 있어야 한다.
실패한 것은 도구의 문제이지 의지의 문제가 아니었다.

자신과 비슷한 사람들만 만나면
고만고만한 수준에 만족하게 된다.
변화하고 싶은데 강한 동기부여가 되지 않는다면
그 변화를 이뤄낸 사람들을 만나야 한다.
그리고 그들이 변화를 위해 겪었던 과정을
나도 겪겠다는 각오를 해야 한다.
마음을 먹고 시작하면 생각보다 어렵지 않다.

내가 살을 빼야겠다고 생각한 이유는 나이트클럽에서 폼 나게
춤을 추고 싶었기 때문이다. 그렇게 생각한 환경은 날씬한 몸으로
폼 나게 춤추는 사람들을 반복적으로 보았기 때문이다.
만들어진 몸을 원한다면, 더 강한 동기부여를 받으려면
몸을 만든 사람들을 만나야 한다. 그들 속에 있어야 한다.
나는 나이트클럽에서 폼 나게 춤을 추기 위해
헬스클럽이라는 환경을 선택했다.

성공의 길은
성공한 사람들 속에 있다

●
.
.
.
.
★

술집에는 술 마시는 사람들이 있다.
식당에는 밥 먹는 사람들이 있다.
도서관에는 책 읽는 사람들이 있다.
그런 환경에 있으면 대부분 술을 마시게 되고 밥을 먹게 되고
책을 읽게 된다.

헬스클럽에는 운동하는 사람들이 있었다.
스물한 살의 나처럼 뚱뚱한 사람도 별로 없었다.
살이 빠지는 방법을 알고 있고 지속적으로 동기부여를 해주는
실장님이 있었다. 내가 바라는 성취를 이미 이뤄낸 사람들이
있었고 그 방법을 아는 사람이 있었다.
헬스클럽은 그런 환경이었다.

운동하는 사람들끼리 만나면 운동 이야기만 한다.

그 이야기를 정보와 자극이라고 한다.

당시 기폭제가 되었던 정보는 '미스터 연세'라는 보디빌딩 대회였다.

운동을 시작한 지 2개월 정도 지났을 때

거기서 운동하던 몇몇이 대회에 나간다는 것을 알게 되었다.

몸에서 별다른 변화가 일어나지 않은 시점에

덜컥 출전을 결정했다.

기한과 목표를 정하지 않았다면 중도에 포기했을 가능성이 높다.

어떤 일을 지속하려면 가능한 한 짧은 시간 내에 측정 가능한

성과를 이뤄내야 한다. 성취의 경험이 그 일을 계속하게 한다.

보디빌딩 대회는 손바닥만한 팬티 한 장만 입는다.

대회에 나가기로 하고서 내 몸을 봤다.

'이 몸으로 벗으면 사고다.'

3개월이 조금 넘는 시간을 오로지 대회 준비에 올인했다.

무엇을 먹고 어떻게 운동해야 하는지는 실장님이 다 알고 있었다.

20년 전이라 그 과정이 정확하게 기억나지 않는다.

다만 무대에 섰을 때의 내 몸을 계속 떠올렸다는 것은 또렷이

기억한다. 방과후에 만나는 사람은 운동하는 사람들뿐이었다.

20킬로그램이 빠지고 근육도 좀 생겼지만 출전자 중 내 몸이

제일 안 좋았다. 다들 오랫동안 운동을 한 사람들이었다.

그럼에도 불구하고, 그 대회는 내 인생에서 굉장히 중요한

의미가 되었다.

'나는 할 수 있는 사람이다.'

춤추기 위해 몸을 만들었는데 그 후로 나이트클럽에 가지 않았다.
재미가 없어졌다. 대신 나를 좀 더 훈련시키고 싶었다.
더 나은 사람이 되기 위한 뭔가를 하고 싶어졌다.
나에 대한 기대치가 높아졌고 그에 맞는 일을 찾으려고 했다.
내가 진짜 원하는 것을 찾아내기만 하면
할 수 있다는 생각이 들었다.
그게 내 몸이 내게 보내는 메시지였다.
매일 거울 속에서 만나는 나는 그런 사람이었다.

모든 행복한 가정은 비슷하다

●
.
.
.
.

★

몸은 쉽게 바뀌지 않는다. 많은 에너지를 투입해야 한다.
특히 습관이 되기까지 폭발적인 에너지를 쏟아부어야 한다.
그런데 우리가 가진 에너지는 한계가 있다.
의지를 내는 순간에는 에너지가 충만하지만
사흘만 지나면 평소의 에너지 상태가 된다.

의지로 에너지를 짜내는 방법은 성공하기 어렵다.
'내일부터 아침에 일찍 일어나 조깅을 하겠다'라는 결심은
유지되기 힘들다.
몸을 바꾸는 가장 쉬운 방법은 돈을 쓰는 것이다.
3개월짜리 헬스클럽 회원권으로는 부족하다.
1개월도 채 다니지 않고 나머지를
헬스클럽 사장님에게 헌납한 사람이 부지기수다.

돈이 조금 아까운 정도로는 안 된다.
정말 몸을 만들고 싶다면 퍼스널 트레이너를 고용해야 한다.
'일단 혼자서 운동을 좀 하다가 안 되면'이라는 태도로는
에너지를 집중적으로 투입할 수 없다.
일주일에 4회 내지 5회를 잡으면 한 달에 100만 원이다.
2개월 동안 200만 원을 투자해서 자신의 가치가 열 배, 백 배
커질 수 있다면 굉장히 저렴한 투자다.

평생에 단 한 번 200만 원을 투자해서
다른 위치로 갈 수 있다면 그건 최소한의 비용이다.

다른 위치에 가면 지금은 절대 보이지 않는 세상이 보인다.
200만 원으로 원하는 내가 될 가능성이 있다면 일단 해보는 거다.
반드시 성공해야 한다고만 생각하면 어떤 시도도 할 수 없다.
평생에 200만 원도 투자하지 못하겠다면, 글쎄….
퍼스널 트레이너가 필요한 또 하나의 이유는
'나름' 노력하지 않기 위해서다.

정말 열심히 운동하는 사람이 있다.
그런데 몸이 만들어지지 않는다.
이유는 간단하다. 안 만들어지는 방식으로 하고 있기 때문이다.
일정 기간 동안 성과가 없으면
'나는 안 만들어지는 몸인가보다' 하고서 포기한다.
하지만 체형이 다른 사람도 안에 있는 근육은 다 같다.
전문가가 짜준 프로세스를 지키면 누구나 근육이 만들어진다.
상황에 따라 퍼스널 트레이너는 고사하고
헬스클럽 등록도 어려울 수 있다.
궁리를 해야 한다.

아침 혹은 저녁에 1시간씩 조깅을 할 수밖에 없는
상황을 만들어야 한다.
윗몸일으키기, 푸시업을 할 수밖에 없는 상황을 만들어야 한다.
요새는 스스로 운동할 수 있는 앱도 많아서 스마트폰만 있으면
충분히 할 수 있다.
중요한 것은 반복하는 습관을 만드는 것이다.

'자신과의 약속' 같은 미지근한 결심은 안 된다.

"행복한 가정은 모두 비슷한 이유로 행복하지만
불행한 가정은 저마다의 이유로 불행하다."
톨스토이의 소설《안나 카레니나》는 이 문장으로 시작한다.
성공한 사람들의 공통점은 있지만 되는 대로 사는 사람들은
제각각이다.
그 이유는 너무나 다양하다.
수영장에서 보는 몸은 다들 다르지만
수영선수들의 몸은 비슷하다.
목욕탕에서 보는 사람들의 몸은 제각각이지만
보디빌더들의 몸은 비슷하다.
몸이 안 좋은 사람들은 자기 마음 내키는 대로 생활한다.
몸이 좋은 사람들은 몸이 만들어지고 유지되는 프로세스를 지킨다.
그 프로세스는 누구에게나 동일하다.

보고 듣는 것을 바꾸면
행동이 바뀐다

★

《마시멜로 이야기》는 '잘 참는 사람이 성공한다'라고 주장한다.
책은 두 개의 마시멜로라는 보상을 강조한다.
하지만 보상에 집중할 때 오히려 참지 못한다는 것이
이 연구의 핵심이다. 이 책 때문에 많은 사람들이 다시 한 번
인내를 중요하게 생각하게 되었다.
성공의 기본 조건이 인내라고도 한다.

나는 다르게 생각한다.
너무 애쓰고 있다면 곧 포기할 거라는 뜻이다.
'열심히 해야 해'라는 말을 계속 들어야만 하는 일이면
안 하는 편이 낫다. 어차피 안 될 일이다.
어떻게 사람이 평생 열심히 하고, 평생 인내할 수 있을까.

달콤한 마시멜로를 눈앞에 놓고 먹지 않는 것은 힘들다.
대신 금고 안에 넣어 놓고 열쇠를 다른 사람에게 줘버리면 쉽다.
인내하는 데 에너지를 쓰지 않아도 된다.
의지보다 프로세스 개선이 중요하다.

의지가 강한 사람이 있을 수 있다.
흔들리지 않는 불굴의 의지를 가진 사람들의 이야기도 많다.
사실이라고 가정하자.
하지만 자신의 의지가 그들처럼 강하지 않다면
다른 방법을 찾아야 한다.
의지는 필요하지만 그걸로 모든 걸 다 해결하려고 하면 실패한다.

너무 많은 생각은 우리 삶에 별 도움을 주지 못한다.
'생각'이라고 말하지만 사실은 걱정인 경우가 많다.
잘해낼 수 있을까 하는 두려움인 경우가 많다.
행동을 하면 생각이 바뀐다.
사람은 생각대로 행동하기도 하지만
실제로는 행동한 대로 생각한다.

반드시 결심 이후에 행동할 이유는 없다.
너무 많은 시간과 에너지를 결심하는 데 낭비한다.
'좋은 몸'이 좋아 보인다면 혹은 그렇게 사는 삶이 멋져 보인다면
일단 그들 속으로 들어가는 것이 첫 번째다.
결심은 억지로 하는 것이 아니다. 보고 듣는 것을 바꾸면

마음은 저절로 움직인다.

'몸 바꾼다고 뭐가 달라지겠어.'
만들어진 몸을 가져본 적 없는 사람의 말이다.

'거기에 무슨 기회가 있겠어.'
기회를 보지 못하는 사람의 말이다.

결국, 내 인생이다

●
·
·
·
·

★

지나가는 사람을 붙잡고 묻는다.
"당신 인생의 주인은 누구입니까?"

'누구인지는 모르지만 제가 아닌 것은 확실합니다.'
'엄마가 알고 있을 거예요.'
이렇게 대답할 사람은 아무도 없다.
모두들 자기가 자기 인생의 주인이라고 답할 것이다.

질문을 하나 더 던져본다.
"그렇다면 지금 당신 인생의 주인으로 살고 있습니까?"
곧바로 확신에 차서 대답하는 사람이 얼마나 될까.
내 경험에 따르면 많지 않다. 대부분 자신이 주인인 줄은 알지만
주인으로 살고 있는지는 확신하지 못한다.
주인인 것은 확실한데

주인으로 살고 있는지는 자신이 없는 것이다.

우리 사회는 무엇을 원하는지 묻지 않는다.
대신 무엇을 '해야 한다'고 말한다.
그래야 무엇을 가질 수 있다고 말한다.
공부를 열심히 해야 하고 좋은 대학에 들어가야 하고
좋은 직장에 들어가야 하고 결혼을 해야 하고 집을 사야 하고
아이를 낳아야 하고 학원에 보내야 하고 좋은 대학에 보내야 하고
결혼시켜야 하고…. 그렇게 다수의 사람들이 남들 눈치를 보면서,
해도 되느냐고 물으면서, 남들이 가진 것을 가지기 위한 삶을 산다.

엄마가 기뻐해서, 엄마가 화를 낼까봐 공부하면
그 인생의 주인은 엄마다.
월급을 받으려고 일하면 적어도 회사에 있는 동안에는
사장이 그 인생의 주인이다.

행동의 원인이 자기 존재가 아니라 외부에 있다면
자기 인생의 주인이라고 볼 수 없다.
하고 싶은 것을 하는 사람을 주인이라고 한다.
해야 하는 것만 하는 사람을 노예라고 한다.

'어떻게 하고 싶은 것만 하면서 사니?'
때때로 나도 하기 싫은 일을 한다.
하지만 무엇을 더 갖기 위해서가 아니다.

다른 사람의 눈치를 봐서도 아니다.

두려워서도 아니다.

내가 하고 싶은 것을 하기 위해서, 내가 결정한 내 존재가

되기 위해 필요한 일이라면 거기에 나를 적응시킨다.

무슨 큰 깨달음이라도 얻은 양 '사는 게 다 그런 거야'라고

말하는 사람들이 있다. 나에게는 이렇게 들린다.

"자기 존재를 부정하면서 살아, 내가 그랬던 것처럼."

아직 자기 삶을 포기하지 않은 젊은 사람들은 하소연한다.

"내가 뭘 원하는지 모르겠어요."

어떻게 자신이 원하는 것을 찾을 수 있을까.

낯선 사람을 만나고 낯선 경험을 해야 한다.

하지만 그보다 먼저 '내 인생은 나의 것'이라는 자각이 있어야 한다.

이 자각은 이성의 영역이 아닌 것 같다.
그래서 자기가 인생의 주인이라고 말하면서도 주인으로 살고
있다고는 자신 있게 말하지 못하는 것이다.

나는 감각이라고 생각한다. 그래서 몸을 바꾼 이야기를 한 것이다.
단순히 살을 뺐다는 이야기가 아니다.
자존감에 대한 이야기이고 내가 내 삶을 결정할 수 있다는 걸
알게 되었다는 이야기다. 잠들어 있던 자기결정권에 대한 감각이
깨어났다고 표현하고 싶다.
꼭 운동이 아니어도 된다. 여행 중에 이 감각이 깨어날 수도 있다.
힘든 육체노동을 하는 중에도 깨어날 수 있다.
어떤 방법이든 내 삶에 대한 결정권이 온전히 나에게
있다는 감각이 중요하다. 이 감각이 깨어나야 여러 경험 중에서
자신이 원하는 것에 대한 확신을 가질 수 있다.

자기 안에 생각지도 못했던, '해야 한다'의 세계에 짓눌려 있던
욕구가 깨어난다. 원하는 것을 만났을 때 뜨겁게 반응하는
자기 자신을 느낄 수 있다.
그러면 남들이 가진 것을 가지지 않아도 된다.
자기만의 기준이 생기니까 열등감도 우월감도 없다.
뒤처지는 것은 아닐까 하는 불안도 없다.

'나는 이런 존재로 살고 싶다.'
자기만의 색깔, 자기만의 무늬를 발견하고 그 색깔대로,

306

그 무늬대로 살아가는 것이 자기 인생의 주인으로 사는 삶이다.
내 인생에 대한 결정권이 나에게 있다는 걸 자각하면
실패할까봐 두려워하지 않는다.
'직장상사가, 동료가, 친구가, 엄마가 화를 내거나 내게 실망하면
어떡하지'의 세계에서 '이렇게 하면 안 되는구나.
다음에는 잘할 수 있겠다'의 세계로 도약했기 때문이다.
'남들이 그렇다던데'의 세계에서 '내가 원하는 삶은 이것이다'의
세계로 도약했기 때문이다. 내 인생이니까, 내 것이니까
실수를 해도, 실패를 좀 해도 괜찮다. 그 자체로 경험의 축적이다.
계속 도전하면서 성장할 수 있다.

'내 인생에 대한 결정권은 나에게 있다. 나의 인생이다.'
자유는 여기에서 온다. 그리고 매 순간 자기결정권을 지키기 위해
감각을 깨워두고 있어야 한다.
그것을 끈질기게 지키려는 '몸부림'이 쌓이고 쌓여
내 존재의 무늬를 만들어낸다.
나는 그렇게 살아가려고 한다.

《나는 왜 이 일을 하는가?》
-사이먼 사이넥

애플은 어떤 기업인가. 휴대폰과 컴퓨터를 만들어서 파는 기업인가. 그렇게 볼 수도 있다. 하지만 애플은 그렇게 말하지 않는다.

"우리가 하는 모든 일은 현실에 도전하기 위함입니다. 우리는 다르게 생각하는 것의 가치를 믿습니다. 그래서 이런 형식, 이런 디자인의 컴퓨터를 만들었습니다. 한 대 사시겠습니까?"

애플은 컴퓨터의 성능이나 디자인을 먼저 말하지 않았다. 그들은 이유를 먼저 말했다. 광고 마케팅 방식의 차이가 아니다. 커뮤니케이션 방식의 차이다.

마틴 루터 킹도 흑인과 백인이 평등한 세상에 대한 로드맵을 강조하지 않았다. 그는 '백인이나 흑인이 똑같이 버스를 타고 다니는 세상을 믿는다'고 했다. '나에게는 꿈이 있다'고 했다. 'How'나 'What'은 감동을 주지 못한다. 사람들에게 감동을 주는 것은 'Why'다. 같은 일을 하더라도 일의 이유를 생각하지 않는 사람은 성과를 내기 어렵다.

20대부터 돈으로부터 자유로운 삶을 생각했고 그것을 지향해왔다. 하지만 돈만 보고 일했다고 하면 쓸쓸하고 허무하다. 돈만 기준으로 삼는다면 운이 좋아서 로또 1등에 당첨된 사람과 내가 보낸 10여 년의 시간과 에너지의 가치가 동일해진다. 일을 하는 이유가 오로지 돈 때문이라면 내가 백번 이상 태어나 버는 것보다 대기업 회장들이 가진 돈이 더 많다. 나는 내 삶의 가치를 대기업 회장보다 못하다고 생각하지 않는다.

나는 영향력 있는 사람이 되고 싶다. 모든 사람들이, 최소한 청춘들이 마음껏 도전하면서 사는 사회를 만들고 싶다. 그래서 영향력이 필요하다.

내가 더 성장해야 하는 이유

2018년 5월, 케냐에 다녀왔다.

한국컴패션과 함께하는 비전트립이었다.

컴패션은 1952년 미국의 스완슨 목사가 한국에서 버려진

아이들을 보고 시작한 국제어린이양육기구다.

지금은 우리나라의 후원자 수가 미국 다음으로 많다.

공식적인 방문 이유는 케냐컴패션 본부에 가서 어떤 방식으로

지원이 이뤄지는지 보고 개인적으로 후원하는

열네 살짜리 딸 마잉기를 만나는 것이었다.

김일두 리더가 비전트립을 제안했을 때 아무런 고민 없이

예스라고 했던 것은 아프리카 대륙에 대한 기대감 때문이었다.

세계 여러 곳을 가봤지만 아프리카는 처음이었다.

그러나 아프리카 대륙이 주는 설렘은 오래 가지 않았다.

둘째 날, 나이로비에서 가장 큰 슬럼이라는 키베라에 갔다.

여의도 면적의 절반, 그곳에 100만 명이 넘는 사람들이 살고 있다.

어떻게 그럴 수 있을까.

슬럼으로 들어서자마자 악취가 코를 찔렀다.

쓰레기 더미와 하수구 옆에 엉성하게 지어진 가건물들,

그곳에 사람이 살고 있었다.

나는 악취가 너무 역해서 밥도 제대로 먹지 못했다.

매년 천만 원씩 기부를 하면서도, 개인적으로 후원하는 아이가

있음에도 나는 후원의 의미를 알지 못하고 있었다.

그냥 '여유 있는 사람이 돕는 거니까 좋은 일이다'라는 정도였다.

절대빈곤이 의미하는 것 역시 몰랐다.

절대빈곤이라고 하면 질병과 기아를 떠올린다.

질병과 기아가 이들이 처해 있는 현실인 것은 맞다.

하지만 내가 본 것은 단순한 질병과 기아만이 아니었다.

열악하다는 말로는 부족한 환경에서 사는 아이들,

학교에도 가지 못하는 아이들,

아빠가 누군지도 모르는 아이들의 눈빛을 봤다.

'나는 아무 가치도 없는 사람이야.'

절대빈곤이라는 환경은

자기 존재에 대한 부정으로 이어지고 있었다.

그저 하루하루를 버티는 삶,

미래에 대한 어떤 기대도 없는 삶은 자존감을 파괴하고 있었다.

그런 삶들을 하나하나 구하는 것이 컴패션이 하는 일이다.

서정인 한국컴패션 대표는 컴패션은 단순히 구호가 아니라
양육이라고 했다. 아이들이 후원자를 만나면 컴패션은
두 개의 파일을 만든다.
하나는 후원자의 돈이 이 아이에게 어떻게 쓰였는지에 대한
기록이다. 또 하나는 '엄마라는 말을 언제 했고 언제 아팠고
어떤 치료를 받았고…' 등등 아이의 성장과정을 기록한
'양육일기'였다.
아이가 스무 살이 되었을 때 이 파일을 건넨다고 한다.
사랑과 보살핌을 받았다는 증거를 보게 하는 것이다.

내가 놀랐던 것은 희망의 사이클이 생겼다는 것이다.
후원을 받아 공부한 아이들이 모델, 요리사, 간호사가 되어
다시 키베라로 돌아온다고 했다.
누군가 자신을 특별하게 생각하는 사람이 있다는 것은
아이들의 눈빛을 달라지게 한다.
자신의 존재를 재정의하게 한다.
처음으로 희망이라는 것을 품게 되고 꿈을 꾸게 된다.
그들이 다시 돌아와 누군가의 희망이 되고 있다.

돌아오는 비행기에서 생각했다.
케냐보다 부유하지만 꿈이 없다는 측면에서는,
자존감이 낮다는 측면에서도 우리나라도 비슷하지 않을까.
후원자를 만나지 못한 아이들처럼,
자신에 대한 어떤 기대감도 없이 살아가고 있는 것은 아닐까.

하루하루 버티는 아이들처럼 미래에 대한 기대감 없이
살아가고 있는 것은 아닐까.

그리고 또 생각했다.
절대빈곤 속에서도 진짜 자신을 돕는 환경을 만나면
사람은 변한다.
그런 환경에서 자란 아이들도 희망을 품고
자기 삶에 만족하면서 살고 있다. 그것을 두 눈으로 확인했다.
그렇다면 성공하지 못할 사람이 없다.
다만 제대로 된 환경을 만나지 못했고,
제대로 된 프로세스를 갖지 못했기 때문이다.

아이들을 지원하고 양육하는 컴패션이라는 환경은
하늘에서 떨어진 것이 아니다.
누군가의 비전과 철학으로 만들어진 것이다.
그렇다면 나도 그런 환경을 만들어서 누군가에게
제공해줄 수 있지 않을까?
아직까지 내가 전할 수 있는 환경과 기회는 암웨이다.
더 많은 사람들에게 암웨이라는 환경과 기회를 전달하는 것이
현재의 내 일이다.

내가 지금보다 더 성장한다면 어떨까?
암웨이를 넘어서는 환경을 만들고 기회를 줄 수 있지 않을까?
방법은 모른다. 하지만 가야 할 방향은 안다.

그것이 내가 더 성장해야 하는 이유다.

후원자인 나를 바라보는 열네 살 소녀의 눈빛이 아직도 생생하다.
선한 영향력이 만들어낼 수 있는 기적,
누군가의 희망이 될 수 있다는 기적을 나는 보았다.
누군가의 희망이 되어 선한 영향력을 만들어내는 나의 미래가
어떤 모습일지 아직 알지 못한다. 프로토타입을 만들어가면서
계속 시도하고 도전하고 축적해나가는 중이다.
나만이 만들어낼 수 있는, 나에게 꼭 맞는 독특한 미래를
발명해나가는 과정이다.
다른 사람이 만들어놓은 성공이라는 틀은 자유를 주지 않는다.
내가 발명한 세계라야, 내가 발명한 성공이라야 자유롭다.
모두들, 자신이 발명한 세계에서 자유롭기를!

Special thanks to

제 삶의 변화는
저의 노력보다도 제게 주어진 감사한 환경 덕분이었습니다.
언제나 저의 꿈을 지지해주시고,
저의 가능성에 대한 믿음을 주신 부모님,
이 사업 안에서 도전할 수 있는 환경을 만들어주시고,
큰 비전을 보여주신 김일두 & 오영옥 리더님,
저와 함께 멋진 도전을 하고 있는 젬스톤 파트너분들,
최고의 사업 기회를 제공하기 위해 노력하고 계시는
Amway Korea 임직원분들,
그리고 나의 평생 동반자이자 소울메이트 아내 권수미,
나에게 큰 에너지원이 되고 있는 세 자녀 자유, 희망, 사랑에게
감사의 메시지를 전하고 싶습니다.

너만의 브랜드에 집중하라

나를 바꿀 자유

2019년 2월 25일 초판 9쇄 발행
2021년 3월 2일 2판 2쇄 발행

지은이   김민기
펴낸이   김남길
펴낸곳   프레너미
등록번호 제386-251002015000054호
등록일자 2015년 6월 22일
주소   경기도 부천시 소향로 181, 101동 704호
전화   070-8817-5359
팩스   02-6919-1444

프레너미는 친구를 뜻하는 "프렌드(friend)"와 적(敵)을 의미하는 "에너미(enemy)"를 결합해 만든 말입니다.
급변하는 세상속에서 저자, 출판사 그리고 콘텐츠를 만들고 소비하는 모든 주체가 서로 협업하고 공유하고 경쟁해야 한다는
뜻을 가지고 있습니다.
프레너미는 독자를 위한 책, 독자가 원하는 책, 독자가 읽으면 유익한 책을 만듭니다.
프레너미는 독자 여러분의 책에 관한 제안, 의견, 원고를 소중히 생각합니다.
다양한 제안이나 원고를 책으로 엮기 원하시는 분은 frenemy01@naver.com으로 보내주세요.
원고가 책으로 엮이고 독자에게 알려져 빛날 수 있게 되기를 희망합니다.